JN410141

이분이 그분인가

국제PEN한국본부 창립70주년기념 산문선집 011

윤기관 수필집

International PEN-Korea Center pen

교음사

국제PEN헌장

국제PEN은 국제PEN대회 결의에 따라 다음과 같이 헌장을 선포한다.

1. 문학은 각 민족과 국가 단위로 이루어지나, 그 자체는 국경을 초월하여 그 어떤 상황 변화 속에서도 국가 간의 상호 교류를 유지해야 한다.
2. 예술 작품은 인간의 보편성에 바탕을 두고 길이 전승되는 재산이므로 국가적 또는 정치적 권력으로부터 간섭을 받아서는 안 된다.
3. 국제PEN은 인류 공영을 위해 최대한의 영향력을 발휘해야 하며 종족, 계급 그리고 민족 간의 갈등을 타파하는 동시에 전 세계 인류가 평화롭게 살아갈 수 있다는 이상을 실현하기 위하여 최선을 다해야 한다.
4. 국제PEN은 한 국가 안에서나 또는 세계 여러 나라에서 사상의 교류가 상호 방해 받지 않는다는 원칙을 준수하며, PEN 회원들은 각자 국가나 지역사회에서 어떤 형태로든 표현의 자유를 억압하는 데 반대할 것을 선언한다. 또한, PEN은 출판 및 언론의 자유를 주창하며 평화시의 부당한 검열을 거부한다. 아울러 PEN은 정치와 경제의 올바른 질서를 지향하기 위해 정부, 행정기관, 제도권에 대한 자유로운 비판이 필수적이고 긴요하다는 사실을 확신한다. 이와 함께 PEN 회원들은 출판 및 언론 자유의 오용을 배격하며, 특정 정치 세력이나 개인의 부당한 목적을 위해 사실을 왜곡하는 언론 자유의 해악을 경계한다.

   이러한 목적에 동의하는 모든 자격 있는 작가들, 편집자들, 번역가들은 그들의 국적, 언어, 종족, 피부 색깔 또는 종교에 관계없이 어느 누구라도 PEN 회원이 될 수 있다.

국제PEN한국본부 연혁

국제PEN본부는 1921년에 창립되어 2022년 3월 현재 145개국 154개 센터가 회원으로 가입돼 있는 세계적인 문학단체이다. 국제PEN본부는 영국 런던에 본부를 두고 있으며 특히 UN 인권위원회와 유네스코 자문기구로 현재 전 세계 문인, 번역가, 편집인, 언론인들의 표현의 자유를 옹호하고 인권 문제를 다루고 있는 단체이다.

한국PEN은 1954년 9월 15일 변영로·주요섭·모윤숙·이헌구·김광섭·이무영·백철 선생 등이 발기하여 같은 해 10월 23일 당시 서울 소공동 소재 서울대학교 치과대학 강당에서 창립총회를 열고 국제펜클럽한국본부로 공식 출범하였다. 국제펜클럽한국본부는 그 이듬해인 1955년 6월 비엔나에서 열린 제27차 세계대회에서 정식회원국으로 가입하고 그해 7월에 인준을 받아 오늘에 이르렀으며 2022년 3월 현재 회원 수는 4,000여 명이다.

사)국제PEN한국본부(International PEN Korea Center)는 역사와 권위를 자랑하는 국제적 문학단체로서 회원들의 양심과 소신에 따른 저항권과 표현의 자유를 옹호하고 구속 작가들의 인권문제를 다루며 한국의 우수 문학작품을 번역, 세계 각국에 널리 알리고 우리 민족의 고유문화와 전통문화 등을 해외에 소개하는 한편 세계 각국과 문화 교류 및 친선을 도모하는 데 주도적 역할을 담당하고 있다.

1954. 10. 23.	국제펜클럽한국본부 창립
1955.	제27차 국제PEN비엔나대회에서 회원국 가입
	『The Korean PEN』 영문판 및 불어판 창간
1958.	국내 최초 번역문학상 제정
1964.	PEN 아시아 작가기금 지급(1970년 제6차까지)
1970.	제37차 국제PEN서울대회 개최(60개국 참가)
1975.	『PEN뉴스』 창간. 이후 『PEN문학』으로 제호 변경
1978.	한국PEN문학상 제정
1988.	제52차 국제PEN서울대회 개최
1994.	제1회 국제문학심포지엄 개최
1996.	영문계간지 『KOREAN LITERATURE TODAY』 창간
2001.	전국 각 시도 및 미주 등에 지역위원회 설치
2012. 9.	제78차 국제PEN경주대회 개최
2015. 9.	제1회 세계한글작가대회 개최
2016. 9.	제2회 세계한글작가대회 개최
2017. 9.	제3회 세계한글작가대회 개최
2018. 11. 6~9.	제4회 세계한글작가대회 개최
2018. 8. 22.	정관개정에 의해 국제PEN한국본부로 개명
2019. 2.	PEN번역원 창립
2019. 11. 12~15.	제5회 세계한글작가대회 개최
2020. 10. 20~22.	제6회 세계한글작가대회 개최
2021. 11. 2~4.	제7회 세계한글작가대회 개최
2022. 11. 1~4.	제8회 세계한글작가대회 개최

국제PEN한국본부 창립 70주년 기념 선집을 발간하며

국제PEN한국본부는 1954년에 창립되고 이듬해인 1955년 6월 오스트리아의 빈에서 열린 제27차 국제PEN세계대회에서 회원국으로 가입되었다. 초대 이사장은 변영로 선생이 맡고 창립을 주선했던 모윤숙 시인이 부이사장을 맡았다. 이하윤, 김광섭, 피천득, 이한구 등과 함께 창립의 중심 역할을 했던 주요섭이 사무국장을 맡았다.

6·25한국전쟁이 휴전된 지 겨우 1년이 되는 시점에 이루어 낸 국제PEN한국본부의 창립은 매우 깊은 의미를 담는 거사였다. 그동안 국제PEN한국본부는 세 차례의 국제PEN대회와 8회의 세계한글작가대회를 개최하며 수많은 국내외 행사를 주최해 왔다. 이에 내년 2024년에는 창립 70주년을 맞이하게 되어 그 기념사업의 일환으로 PEN 회원들의 작품 선집을 발간하기로 하였다.

여러 가지 기념사업을 진행하지만 회원들의 주옥같은 작품집을 선집으로 집대성하여 남기는 일은 가장 중요하고 의미 있는 일이라 생각한다.

시와 산문으로 구성되는 선집은 우리 한국문학사의 중요한 족적을 남기는 귀중한 역사 자료로서의 가치를 갖게 되리라고 믿으며 겸허한 마음으로 70주년을 자축하는 주요 사업으로 진행하게 된다.

참여해 주신 회원들께 감사하며 어려운 여건 속에서도 기꺼이 출판을 맡아 준 기획출판 오름의 김태웅 대표와 도서출판 교음사 강병욱 대표에게 심심한 감사를 드린다.

2023년 3월

국제PEN한국본부 이사장 김용재

책을 내며

아무도 알아주지 않아도 좋다. 가당치 않은 소리라고 여겨도 좋다. 나는 괘념치 않는다. 나는 내 목표를 향해 뚜벅뚜벅 걸을 뿐이다. 나의 정신 세계에서 가능성이 최소한 5%에 이른다고 확신하면 도전하려고 마음먹는다. 나머지 95%를 채우기 위한 굳건한 믿음이 있다. 하나님이다.

실현가능성(feasibility)을 위해 준비해야 할 사항을 뒤적여 본다. 결심이 서면 매섭게 달린다. 지난 40년 동안 거의 10년 주기로 네 차례 결실을 이룬 실적이 있다. 현재 다섯 번째 실현을 위해 달리고 있다. 대한민국 미술대전에 도전하여 한국미술협회 초대작가가 되는 길이다.

비 미술계 학과 출신으로서 무모한 도전이라는 것을 익히 알고 있다. 하지만 나는 든든한 동행자가 지켜 주시니 무모함을 뛰어넘으려고 인사동 대장간으로 들어갔다. 현재 40%를 달성했다. 내년(2024년)이면 목표에 도달할 수 있을 것이다.

여섯 번째 도전이 노벨문학상 수상 작가의 길이다. 앞으로 10년 후, 2032년 10월 어느 날 노벨문학상을 받으러 갈 비행기표를 예약하려고 한다.

노벨문학상은 작품에 상을 주는 게 아니라 '작가'에게 수여한다. 작가의 전체 작품을 보고 수상자를 선발한다. 문학 분야에서 가장 눈에 띄는 '기여'를 한 작가에게 수여하라는 알프레드 노벨의 유언에 따라 1901년부터 수여한다. 나는 그 '기여'에 부응하고자 험난한 광야에 들어섰다.

노벨문학상은 시와 소설이 주도하고 있다. 하지만 최근 들어 조금씩 변화하고 있다. 2023년 노벨문학상 수상자는 노르웨이 희곡작가 욘 포세(1959년 출생)이다. 그의 희곡문체는 간결하고 음악적이고 집요하고 때로는 강박적이다. 그의 문체를 '포세체'라고 부른다.

『노인과 바다』로 노벨상을 수상한 헤밍웨이는 건조하고 간결한 특유의 문체를 구사하여 '하드보일드 문체'라고 추앙받는다. 나도 '나만의' 독창적인 문체를 창조하여 독자들의 감흥을 이끌어 내기 위해 골몰하고 있다.

이러한 나의 목표를 달성하기 위해 1921년에 설립된 국제펜(International PEN)에 발을 디뎠다. '국제PEN본부'는 영국에 있다. 나는 1954년에 설립된 '국제PEN한국본부'(International PEN Korea Centers) 정회원으로 2022년에 가입하였다. 여기에서 발간하는 문학지 『PEN문학』 통권 174호(2023년 7월호)에 처음으로 「5월 21일」이라는 제목의 시를 발표하였다. '국제계관시인연합한국본부'(UPLI-KC)가 발행하는 시집(Poetry Korea) Vol. 15, Summer호에 「시」(도라지꽃, Ballon Flowers) 한 편을 발표하였다. 일단 출발은 했다.

'국제PEN한국본부'는 노벨상을 배출하기 위해 '세계한글학자대회'를 열고 있다. 작년(2022년)에 경주에서 열린 '제9회 세계한글학자대회'에 처음으로 참가하였다. 거기서 받은 영감을 「문정헌의 일침」이라는 제목으로 수필을 발표하였다. 올해(2023년)에는 11월에 광주에서 연다. 참가 신청하였다. 올해 대회에서는 내게 어떤 영감으로 채찍질할지 벌써 설렌다.

국제적인 문학 단체인 국제펜(International PEN)은 영국 소설가 도손이 1921년에 창립하였다. 원래 대상은 Poets(시인), Essayists(수필가), Novelists(소설가)이다. 지금은 장르 구분 없이 번역작가, 언론인, 역사가들도 참여한다.

나는 시와 수필을 쓰는 작가이기에 자격이 충분하다. 소설은 주어가 '3인칭'이다. 시와 수필은 공히 주어가 '나'(1인칭)로서 '나'의 이야기이다. 시와 수필은 어느 소재에서 받은 '나'의 영감을 글로 표현하여 독자들에게 감흥을 남긴다.

소설은 수필과 더불어 산문이다. 하지만 허구적인 속성(허구성, fictionality)을 통해 삶의 진실을 표하려고 한다는 점이 영 마뜩하지 않다. 나는 그냥 '있는 사실'에 근거하여 독자들의 공감을 얻고 싶다.

이번 수필집은 '국제PEN한국본부'가 탄생한 지 70주년을 기념한 기회 작품집이다. 부지런히 준비하여 네 번째 시집(영문)도 여기에서 펴낼 계획이다. 2032년 노벨문학상을 수상하기 위한 나의 '10년 프로젝트'가 시작되었다. 이른바 나의 '신 느헤미야 프로젝트'이다.

페르시아 제국의 고위 관리였던 느헤미야는 '하나님의 도성' 예루살렘 성벽 일부 건축을 맡아 52일 만에 완성하였다. 느헤미야는 수많은 협력자들을 감동시켜 완성시켰다. 나의 노벨상이라는 성벽도 나의 주변 협력자들을 감동시켜 2032년 노벨문학상이라는 건축을 완성하려고 한다.

2032년이면 내 나이 80세이다. 80세를 구어로는 여든 살이라고 하고 문어로는 산수(傘寿) 또는 팔순(八旬)이라고 한다. 백세시대에 접어들었으니 진짜 노인인 나이가 된다. 팔순 기념으로 노벨문학상 타러 스웨덴 한림원에 갈 것이다. 아무도 못 말리는 나는, 기어코 비행기표를 살 것이다.

2023년 11월 저자 윤기관

차례

3. 할머니의 만병통치약

4. 마시는 항암제

5. 요비링

1

'나'의 꿈

'나'의 큰 바위 얼굴

어린 어니스트가 엄마하고 주고받은 그 신비스러운 '큰 바위' 에 하필이면 미국 대통령들 얼굴이 자리하고 있을까? 미국의 소설가 너새니얼 호손(Nathaniel Hawthorne, 1804~1864)이 1850년에 발표한 단편 소설이 『큰 바위 얼굴』(Great Stone Face)이다. 주인공 어니스트(Ernest)는 올곧고, 근면하며, 자비로운 성격의 소유자로 나온다.

미국 '큰 바위 얼굴'이 있는 그곳에 가서 주인공 어니스트가 되어 그 바위를 바라보고 싶었다. 그런데 그 '큰 바위 얼굴'이 우리나라 목포 유달산에 왔다는 소식을 듣고 거기로 달려갔다. 유달산 이순신 장군상에서 바라보이는 노적봉 바위 위에 그 미국 대통령 중 한 분이 누워 있다는 것이다. 누군가가 한 위대한 발견이었지만 나도 어니스트만큼이나 기대에 차지 않았다.

어느 날 나에게 행운이 찾아왔다. '큰 바위 얼굴'이 있는 미국 사우스다코타주 마운틴, 러시모어(Mt. Rushmore) 공원에 갈 기회가 온 것이다.

영국 천주교로부터 심한 박해를 받던 영국 청교도(프로테스탄트) 선교사들이 종교의 자유를 찾아 메이플라워(May Flower)호에 탔다. 그들이 도착한 그곳을 새로운 영국이라는 뜻으로 뉴잉글랜드(New England)라고 지었다.

뉴잉글랜드에 정착한 이민자들은 겸허한 마음으로 저 멀리 '인간의 형상'을 닮은 바위를 바라보며 '진솔한 삶'의 의미와 '관대함'을 배우며 살았다. '인간의 형상'이란 태초에 하나님이 사람을 창조할 때 하나님을 닮은 모양으로 지었다는 뜻이다. '진솔한 삶'이란 하나님이 기뻐하실 삶을 뜻하며, '관대함'이란 예수님의 용서, 배려, 관용을 뜻한다.

어니스트 고향은 깊은 계곡에 자리 잡고 있다. 이 계곡에서 산을 올려다보면 '사람의 형상'과 아주 비슷한 바위가 마을을 내려다본다. 가까이 가 보면 그냥 바위일 뿐이다. 하지만 마을 사람은 '큰 바위 얼굴'의 모습을 보며 마을을 지켜주는 인자한 산신령과 같은 존재로 여겼을 것이다. 인자한 산신령은 다른 말로 하나님, 예수님이었으리라.

어린 시절 어니스트는 어머니로부터 계곡에서 '큰 바위 얼굴'과 똑같이 생긴 위대한 인물이 나타날 것이라는 전설을 들었다. 그는 곧이곧대로 믿었다. 그 위대한 인물은 예수님 같은 분이었을 것이다.

어니스트는 어린 시절부터 노년에 이르기까지 한없이 자애로운 미소와 가르침으로 지켜봐 주는 큰 바위 얼굴의 실존 인물이 나타나기를 기다렸다. 그러면서 어니스트는 내가 예수님을 닮고자 하는 것과 같이 스스로 예수님을 닮아가고자 노력했을지 모른다.

그는 어린 시절 어머니로부터 '큰 바위 얼굴'의 전설을 듣고 그 얼굴을 닮은 위대한 인물이 나타날 것이라는 전설이 실현되기를 기다리면서 살았다. 그러던 중 네 명의 큰 인물을 만났다.

위대한 상인이자 거부인 개더골드(Mr. Gathergold), 많은 전쟁을 승리로 이끈 블러드 앤드 선더(Old Blood and Thunder) 장군, 위대한 '정치가' 그리고 한 '시인'이 그들이다. 간절한 마음으로 '큰 바위 얼굴'과 똑같이 생긴 인물을 기다렸다. 하지만 어니스트는 이들이 뭔가 부족하다는 것을 느끼며 실망했다.

그러던 중 어니스트는 자애와 진실, 사랑을 설파하는 진솔한 목회자가 된다. 그가 설교하면 마을 사람뿐만 아니라 먼 곳에서도 찾아왔다. 어니스트의 모습은 자애롭고 신비롭기까지 했다. 어니스트의 설교를 듣기 위해 계곡을 찾아온 신도들은 어니스트의 모습에서 '큰 바위 얼굴'을 발견했다. 하지만 어니스트는 여전히 '큰 바위 얼굴'을 기다렸다.

이 전설을 들은 미국 사우스다코타주 역사위원회는 1923년 그 주에 역사에 남을 만한 일을 하기로 했다. 논의 끝에 여기에 '큰 바위 얼굴'을 조각하기로 했다. 주인공 어니스트가 그토록 기다려온 '큰 바위 얼굴'을 누구로 할 것인가가 큰 숙제였다. 고심 끝에 소설 속에서 만났던 네 명의 얼굴을 떠올려 전직 대통령 네 명으로 정했다. 그 네 명의 대통령이 어니스트가 그토록 기다려온 큰 바위에 비친 인물이었을까?

어니스트는 '큰 바위 얼굴'에서 늘 '예수님의 얼굴'을 떠올렸다. '예수님의 형상'을 찾아내 자애와 사랑, 관대함을 배워갔다.

사람들은 지금도 '큰 바위 얼굴'을 바라보면서 무슨 생각을 할까? 그냥 커다란 바위에 아무렇게나 무엇을 조각한 돌덩이로 보일까. 아니면 전직 대통령의 얼굴로 보일까. 아니면 예수님 얼굴로 보일까.

인간의 위대한 가치는 막대한 부나 사회적 지위가 아니라 지속적인 자기 성찰을 드높이는 데 있다고 생각한다. 끊임없이 추구하는 이상을 향하여 최선을 다해 노력한다면 못 이룰 것이 없지 않을까 싶다. 이것이 '진인사 득천명'이라는 것이다. 큰 바위 얼굴을 기다리다 큰 바위 얼굴이 된 어니스트도 마침내 '득천명'을 한 것이 아닌가.

'나'의 꿈

'조나단'이라는 이름의 갈매기를 아시나요. 그 이상과 꿈을 여러분도 꾸어 본 적이 있나요? 내가 꼭 하고 싶은 일을 찾아서 온 힘을 다할 때, 이상과 꿈은 어느새 현실로 나타나는 것이 아닐까요?

학생들의 진지한 눈초리는 내 시선을 꿰뚫으며 눈 맞춤을 했다. 교실은 학생들의 눈만 깜빡일 뿐 텅 빈 듯했다. 학생들의 눈망울에 비치는 나의 실루엣을 바라보며 이야기를 힘차게 이어갔다. 미국의 소설가 리차드 바크(Richared Bach)가 1970년에 발표하여 세계적 베스트 셀러가 된 『Seagul(갈매기의 꿈)』 이야기였다.

조나단 리빙스턴(Jonathan Livingston)이라는 이름의 주인공 갈매기는 바닷가를 낮게 비행하며 먹잇감을 쉽게 찾는 갈매기한테 불만을 토로한다. 높디높은 광활한 하늘은 어디 있는가. 왜, 눈앞의 것만 바라보려 하는가.

조나단은 늘 어떻게 하면 지금보다 더 빠르게 날 수 있을까, 어떻게 하면 더 높게 오를 수 있을까를 고민한다. 다른 갈매기가 먹이를 찾아 낮게 비행하는 동안 조나단은 차원 높은 비행에 대해 골몰한다. 끼니도 거른다.

동료 갈매기들은 그가 늘 쓸데없고 터무니없는 비행을 일삼는다고 딱한 눈빛으로 바라보았을 것이다. 심지어는 도무지 현실을 직시하자 못하는 불쌍한 갈매기로 따돌렸을지도 모른다.

하지만 여러분, 자기가 하고 싶은 일을 하는 조나단은 얼마나 행복했을까요. 무엇인가 꼭 하고 싶은 일에 몰두하느라 많은 행운을 놓치기도 했겠죠. 그래도 조나단은 후회하지 않았을 겁니다. 수많은 행운을 줄줄이 놓치던 그 순간에도 조나단은 하고 싶은 일을 하기에 분명히 행복했을 테니까요.

행운이 찾아오기를 하염없이 기다리는 갈매기들에게는 조나단이 불쌍했을지 모릅니다. 하지만, 그 순간 '하고 싶은 일에 최선을 다하던' 조나단은 바로 그 일이 가장 행복했을 터이니 얼마나 아름다운 모습인가요. 중요한 건 '나'입니다. '최선'입니다. 여러분들 안 그래요?

그렇습니다. 내 '안'에 있는 조나단을 만나봅시다. 눈에 보이는 한계 따위는 믿지 말고, '나' 자신을 믿으며, 이미 내 안에 잠재하는 그 무궁무진한 가능성을 현재화시켜 봅시다. 어떻게 하면 가능성을 현재화시킬 수 있을까요.

가장 높이 나는 새가 가장 멀리 볼 수 있습니다. 독수리가 하늘을 제패하는 이유가 무엇일까요? 가장 멀리 그리고 가장 높이 날아서 그렇습니다. 하고 싶은 일을 시작했으면 도중에 어떤 일이 생기더라도 중간에 포기하지 말아야 합니다. 중간에 포기하려거든 아예 처음부터 시작하지 않는 게 낫습니다. 하고 싶은 일을 시작하기 전에 충분히 고민하고, 준비해야 합니다. 시작했으면 반드시 목표 지점에 도달해야 합니다.

우리가 평생 하고 싶은 일을 하는 것은 단거리가 아니라 마라톤 장거리 경주에 해당합니다. 직장을 수시로 바꾸는 것이 아니라 한 번 직장을 정했으면 평생 달려야 합니다. 그래야 그 분야에서 최고의 전문가가 될 수 있지요.

마라톤 경기는 가장 빠르게 달리는 것이 목표가 아니고 자기와의 싸움에서 고통을 참고 이겨내며 비록 조금 늦더라도 드디어 완주할 때, 가장 아름다운 모습이 됩니다. 그것이 그에게는 생애 최고의 순간이 아닐까요.

히말라야산맥 해발 8,000m가 넘는 14개 최고봉 정상을 등정하려면 베이스캠프까지는 걸어가야 합니다. 4,000m 정도 되는 중간 지점인 에베레스트 베이스캠프(EBC), 안나푸르나 베이스캠프(ABC), 그리고 마차푸차레 베이스캠프(MBC)에 도전해 봅시다. 마라톤 완주보다 더 어렵겠지만 많은 사람이 오르내리고 있으니 '나도 할 수 있다'고 입술을 깨물어보세요. "I can do it."

다만, 베이스캠프에 도전하려면 충분한 준비가 필요합니다. 다부진 마음의 준비가 끝났다면 도전하세요. 최선을 다하여 한 걸음 한 걸음 디디다 보면 여러분은 어느새 캠프에 다다릅니다. "You can do it."

나도 그랬습니다. 나도 불가능하리라 여겼던 안나푸르나 베이스캠프(ABC)에 올랐습니다. 4,000m 높이도 한 걸음부터 시작하여 이루었습니다. 최선을 다하면 반드시 이루어집니다. 우리는 반드시 해낼 수 있습니다. "We can do it."

이것을 의심 없이 믿어보세요. 여러분들도 '진인사 득천명'의 주인공이 될 수 있습니다. 盡人事 得天命!

뱀사골

지리산 뱀사골은 이름이 으스스하다. 섬뜩하여 쉽사리 잊히지 않는다. 뱀이 얼마나 많이 죽었길래 이런 이름을 지었을까. 뱀사골은 탐방안내소에서 화개재까지 9km나 이어진다. 화개재는 반야봉과 삼도봉에서 토끼봉 가는 중간에 있는 높은 고개이다. 화개재는 지리산 종주 산악인들에게 이정표 역할을 하는 매우 중요한 지점이다.

뱀사골 탐방안내소에서 1.3km 나무판자 길은 휠체어나 유모차가 불편 없이 다닐 수 있다. 이른바 무장애 길이다. 이런 아이디어가 참 고맙다. 지리산에서는 이 길을 '뱀사골 신선길'이라고 부른다. 정말 신선이 지나다니는 길같이 신선하다.

신선길 왼쪽에 가느다랗고 길쭉하게 이어지는 골짜기가 마치 '뱀 꼬리 같다'고 해서 뱀사골이라고 한다. 뱀이 죽은 게 아니라 모양이 '뱀 꼬리 같다'니 다행이다. 신선길 중간중간 계곡으로 내려가는 샛길을 터놓았다. 신선도 여기서는 잠시 쉬었다고 한다. 신선이 쉬었다 간 곳을 잠시 들러보라고 배려한 듯하다.

산꼭대기의 큰 바위가 부서져 굴러 내려오면서 아름답게 변신했다. 마치 야외 석재조각품 전시장같이 기기묘묘하다.

처음 맞이하는 걸작품이 '요룡대'이다. 용이 머리를 흔들며 승천하는 모습을 닮았다. 나는 요즘 목디스크 기(氣)가 있어 가끔 머리와 어깨를 흔들곤 한다. 뒷사람이 보면 용 트는 저 바위를 닮았다고 할까. 내가 용의 해에 태어나서 그런지 그냥 시커먼 바위로만 보이던 그 돌덩이가 갑자기 친근하게 다가온다.

이 골짜기와 팔짱 끼듯 바싹 붙어 오르다 보면 많은 담(潭)과 소(沼)를 만난다. 석실, 요룡대, 탁용소, 뱀소, 병소, 병풍소, 제승대, 간장소 등이다.

'신선길' 중간에 있는 팻말 하나가 발길을 멈추게 한다. 바위와 바위 사이 공간[石室]을 설명한 문패이다. 문패는 옛날 우체부가 편지를 배달할 때 주소를 말해주었던 정겨운 표지이다.

서로 등을 기대어 의지하려는 듯 서 있는 큰 바위 속이 안방처럼 제법 넓다. 이곳에서 한국전쟁 때 공산 게릴라(빨치산)가 우리 국민을 미혹시키기 위한 전단지를 인쇄하였다고 한다.

요령대에서 오백 미터 정도 오르면 산 중턱에 마을이 있다. 구름도 누워 쉬었다 간다는 '와운마을'이다. 고도가 높아서 구름이 자주 낀다. 이 마을 바로 위에는 나이가 천 살이 넘은 부부 소나무가 산다. 할아버지 할머니 소나무이다. 할아버지 소나무가

‘천년송’이다. 풍미가 뛰어난 선비 모양새이다. 와운마을과 천년송은 서로 의지하며 살아가는 ‘절친’이라고 한다.

뱀사골을 따라 오르다 보면 피곤함도 잊는다. 멋진 포즈를 취하며 패션쇼를 하는 바위, 기묘한 자세를 보이는 나뭇가지, 그 나뭇가지 사이로 내려오는 햇살, 좔좔좔 흐르는 물소리, 담과 소의 깊이에 따라 달리 비치는 물속 빛깔, 촉촉하게 젖은 흙길, 떨어지는 나뭇잎들, 알록달록한 꽃잎들에 넋이 나간다.

나도 물고기들이 놀라지 않게 살그머니 골짜기로 내려가 널따란 바위 위에 드러눕는다. 파란 나뭇가지 사이로 두둥실 떠나간다. 신선이 날아간다.

지리산 뱀사골은 아주 깊은 골짜기(심곡)이어서 소(沼)가 많다. 계곡물은 내려가다 바위의 작은 틈을 보면 그냥 놔두질 않는다. 타고난 예술가의 기질을 발휘하여 바위를 쫀다. 계곡물은 바위를 ‘쪼는’ 예술가이다. 목판화가인 내가 다가가 함께 쪼고 싶다.

바위 가운데 움푹 들어가 물이 모여 ‘소’가 된다. 이 또한 걸작품이다. 간장소, 병풍소, 병소, 뱀소, 탁용소 등. ‘소’들은 저마다 전설을 품었다.

뱀이 목욕하고 허물을 벗고 용이 되었다는 탁용소는 그 위쪽에 있는 뱀소, 병소, 병풍소의 물이 한군데로 모인 곳이다. 뱀사골에는 담과 소가 많아 물 생태계의 다양성을 품고 있다.

제승대는 옛날 어느 고승이 불자의 애환과 시름을 대신하여 제사를 올렸다는 곳이다. 이곳에서 소원을 빌면 성취되는 영험

(靈驗)함이 오늘날까지 이어지고 있다. 간장소는 어느 소금 장수가 인근 하동의 화개장터에서 이 화개재를 넘어오다가 소에 소금을 빠뜨려 간장이 되었다는 곳이다. 이 소의 물을 마시면 간장(肝腸)까지 시원하다는 전설도 전해지고 있다.

듣기만 해도 으스스하던 뱀사골에서 걸작품들을 제대로 감상한다. 등산 마니아는 지리산 종주를 마치고 내려올 때 으레 뱀사골을 찾는다. 피로를 풀기에는 이만한 데가 없다. 전신 목욕은 아니더라도 등목을 할 수 있는 곳이 여기저기서 기다린다. 등이 오싹한다. 한여름 등목이 시리지만 뱀사골 등목만 하랴.

소설이든, 수필이든, 영화든, 예술에서 끝없이 등장하는 뱀사골은 지리산에서 피아골과 짝꿍을 이루는 쌍둥이이다. 9km짜리 파노라마가 펼쳐지는 영화관이다. 계절마다 뭇 관객들이 끊이지 않는 뱀사골. 당신의 유명세가 영원하길 빕니다.

피아골

지리산은 불교 반야 성지로 알려져 있다. 반야는 성불(成佛)을 뜻한다. 어느 도인(道人)이 지리산에서 기도하다가 '득도(得道)'하였다는 그 봉우리를 반야봉(般若峯)이라고 부른다.

반야봉은 지리산 종주 등반에서 중요한 이정표 역할을 한다. 서쪽으로 가면 노고단, 동쪽으로 가면 천왕봉, 북쪽 계곡은 뱀사골, 남쪽 계곡은 피아골이다.

반야봉 중턱에서 시작한 물줄기는 사랑하는 사람을 찾아가듯, 아래쪽으로 알파인 스키어처럼 섬진강을 향해 열심히 흐른다. 이 물은 신비롭기까지 하다. 우리가 마시는 생수와는 격이 다르다. 천진난만한 신생아 눈처럼 맑고 깨끗한 물은 임걸령을 거치며 깊은 숲속을 헤집고 내려온다. 군데군데 필요한 곳에 넉넉히 담아주기도 한다.

반야봉에서 출발한 이 물은 바위, 돌, 모래, 나무뿌리, 수풀,

흙 등과 부딪치며 여과되어 온갖 것에 오염된 노폐물들을 말끔히 걷어내며 섬진강이라는 임을 찾아 달려간다.

의사가 현대의술로는 더 이상 어렵다고 하면 환자는 지푸라기라도 잡고 싶은 심정이 될 것이다. 이때 마지막으로 의지하러 찾아가는 곳이 사람이 본디 왔던 자연이다. 피아골도 그런 곳의 하나이다. 그들은 그곳이 희망봉(希望峯)이기를 애절하게 기도할 것이다.

지리산에서 자연인으로 지내다 보면 고질병 같은 것을 잊게 한다는 소식은 근거 없는 헛소리가 아닐 성싶다. 그들은 그곳을 '에덴동산'으로 믿고 다시 세상으로 돌아가지 않으려 한다.

생명을 잃은 나무를 소생시키는 솟대를 만드는 장인(匠人)들도 피아골에서 배웠던가. 조각칼로 나무판자를 예술작품으로 변신시키는 나도 피아골에서 끊임없이 배운다. 나무판자는 흔한 널빤지이다. 하지만 예술가의 손을 거치면 어느새 숨 쉬는 예술작품으로 변신한다.

이 피아골의 물은 그냥 생각 없이 무심코 내려오는 게 아니다. 계곡 여기저기에 푸짐한 선물을 남겨주며 내려온다. 착한 피아골은 폭포, 담소(潭沼), 심연(深淵)을 만드는 예술가이다.

산봉우리에서 시작하여 피아골 삼거리 대피소를 거쳐 직전마을, 연곡사, 탐방지원센터에 이르는 피아골은 그야말로 예술창작소이다. 피아골 예술창작소의 계곡과 단풍의 아름다움은 미스월드도 따라올 수 없을 것 같다.

이러한 절세의 계곡 이름이 '피아골'이라니, 영 어울리지 않는다. 직전마을 마지막 집에 들러 물어봤다. '피아골 미선 씨'라는 별명을 가진 최연소 여성 이장이다. 화전(火田)에 벼와 비슷하게 생긴 '피'가 무성하게 자랐다고 해 '피밭골'이라고 부르다가 나중에 피아골이라고 바꿨다고 한다.

농부들이 농사일 중에 제일 귀찮고 힘든 것이 피 뽑는 일이다. 논에 벼가 노릇노릇 자라 가을걷이를 얼마 남겨놓지 않았을 때, 꼽사리 끼는 피는 뽑아도 금방 쑥쑥 자란다. 쇠뜨기만큼 농부를 괴롭히는 녀석들이다.

피아골에서 임진왜란, 한말(韓末) 격동기, 여순반란 사건, 한국전쟁 등 싸움이 벌어질 때마다 많은 사람이 죽었다. 차라리 그때 전사한 분들의 피[血]가 밭을 뒤덮을 만큼 흥건히 흘린 골짜기라는 풀이가 더 어울릴 것 같다. 적군[彼]과 아군[我]이 죽은 골짜기, 피아(彼我)골은 어떤가.

지리산 피아골과 뱀사골은 정다운 자매 같다. 유명 연예인 부럽지 않다. 그런데 이름이 아름다운 모습과 영 어울리지 않는다. 뱀사골은 뱀이 죽어서 생긴 골짜기가 아니고, 피아골은 너나없이 모두 죽은 골짜기가 아니다.

피아골은 산꼭대기의 바위가 자연 풍파에 시달리며 깊은 골짜기를 따라 내려오면서 만들어진 엄청난 조작품 전시장이다. 산꼭대기에서 물이 흘러내려 오면서 바위들을 깎아내려 기이한 모양의 바위들을 만들어 냈다.

골이 깊어 조각 솜씨도 국보급 장인(匠人)이다. 피아골을 찾아 온 자들은 너 나(彼我) 할 것 없이 서로 입을 딱 벌리고 만다는 절경의 골짜기(谷), 피아곡[彼我谷]이다.

내가 판자를 조각칼로 쪼아 작품을 만든다 해도 피아골 돌 조각품과는 감히 견줄 수 없으리라. 피아골은 목판화가처럼 멀쩡한 판자를 칼로 깎아내지 않는다. 피아골은 오랜 세월을 거치며 아무도 눈치채지 못하게 사무사(思無邪)의 마음으로 자기 성찰을 했다. 반야봉에서 흘러내려 온 명약이 피아골에 흐른다.

피아골 예술품은 벽감(壁龕)에 올려놓고 남에게 보여주려는 게 아니다. 산속 이웃들에게 묵묵히 '제 할 일' 하며 내려오다 덤으로 받은 '은총'이다. 어찌 내가 감히 이를 좇을 수 있으랴. 나의 '제 할 일'은 글쓰기의 산정(刪定)뿐이리라. 피아골은 문학과 예술을 공부하는 나에게 '큰 스승님'이다.

천년송

'천년'은 이미 숫자가 아니다. 오랜 세월을 뜻한다. '천년송'은 천 살 먹은 소나무가 아니라 영원한 소나무라는 뜻이다. 이른바 신(神) 같은 존재이다.

지리산 뱀사골 입구에서 신비로운 주변 환경에 넋을 잃은 채 사박사박 올라가면 깊은 산 중턱에 마을 하나가 나온다. 구름이 누웠다는 '와운(臥雲)마을'이다. 여기에 마을을 지키는 터줏대감 소나무 두 그루가 있다.

할아버지 할머니 소나무이다. 천 살이 넘었다고 하나 실제 나이는 모른다. 언제나 천년송이니까. 할아버지 소나무가 앞에 있고, 할머니 소나무가 뒤에 있다. 할아버지 소나무는 풍채가 선비 같다.

와운마을은 양지바르고 온화한 지역으로 구름도 쉬어가는 평화로운 마을이다. 눈골, 누운골이라고도 불린다. 할아버지 소나무 아래에서 이 마을을 내려다보면 왜 그 이름이 붙었는지 실감 난다. 구름 천년송 와운마을은 서로 절친같이 의지하며 살아간다.

수묵산수화를 그리는 나에게는 순간순간이 모두 그림 소재이어서 어쩔 줄을 모른다. 늘 하늘도 푸르고 계곡물도 맑고 나무도 싱그럽다. 구름도 어린이 놀이터처럼 몽실몽실 모여 있다. 눈으로만 담기에는 너무 아깝다.

뜬금없이 저 위쪽 화개재 하늘 위로 낯익은 마을 하나가 떠간다. 충북 횡간에 자리 잡은 '월류 마을'이 떠오른다.

달이 산 너머 다섯 봉우리를 지나갈 때 잠깐 보이지 않는 것을 '쉬어 간다' 하여 월류봉이라고 부른다. 달이 쉬어가는 월류봉과 그 아래 초강천 강물을 휘감고 서 있는 월류정이 한눈에 보이는 마을이 '월류마을'이다. 달이 머물다가는 '월류마을'과 구름이 쉬었다 가는 '와운마을'은 서로 잘 어울리는 자매 같다.

어르신 소나무가 와운마을을 내려다보기 시작한 지 천년이 넘었다. 멀리 미국 사우스다코타주에 있는 '큰 바위 얼굴'이 아랫마을을 내려다보는 듯하다. 속리산 정이품 소나무처럼 품위와 기품이 지리산 하늘을 찌른다. 주변에 소나무가 즐비하지만 멀리서 봐도 천년 소나무만 눈에 띈다. 유명 주연배우가 한껏 차려입고 관중을 향하여 미소 짓는 것 같다.

두 어르신이 서 있는 자리에서 와운마을을 내려다보니 상감마마 용좌에 앉아 있는 기분이다. 중신들이 양쪽으로 줄지어 앉아 국사를 논의하는 어전(御前) 회의장 같기도 하다.

임진왜란 때 영광 정씨와 김씨가 국난을 피해 여기까지 와서 정착하기 시작했다. 한국전쟁 때에도 북한 공산군이 이 마을이 있는 줄은 전혀 눈치채지 못했다고 한다. 아주 깊고 깊어 구름만 사는 곳이었다.

옛날 사람들은 부뚜막에 머무르며 온갖 길흉을 다스린다는 조왕(竈王)님이나, 광에 계시며 집안 재수를 도맡아준다는 업위(業位) 같은 가신(家神)을 종교처럼 의존하였다. 두 소나무 연세가 천 살이 넘었으니 아마도 이 마을 조상님들은 믿음직한 어르신 소나무를 신(神)처럼 우러러보고 터전을 이루었을 듯하다.

와운마을 사람들도 중요한 일이 생기면 어르신께 뛰어 올라가 정성스럽게 정한수 한 사발 올리고 소원을 빌면 마음이 든든하였을 것이다. 사람은 완전하지 못하기 때문에 절대자에게 의존하려는 마음이 있다.

와운마을 천년송은 나이도 필요 없는 신령한 존재였을 것이다. 미국에 있는 '큰 바위 얼굴'의 바위도 산신령 같은 존재였을 것이다. 현대 문명을 모르는 아프리카 토착민들은 지금도 나이가 제일 많고 믿음직한 남자를 우두머리로 모시고 산다.

예나 지금이나 우러러볼 만한 인물로 태어나는 것은 타고난 축복이다. 속리산 입구 정이품 소나무나 뱀사골 와운마을 천년송은 겉으로 보이는 풍모도 빼어나고 나이도 지긋해 절대자 대접을 받는다.

사람이 사람으로부터 존경을 받으려면 말과 행동에서 품위가 배어나야 한다. 한마디 한마디가 중후한 무게감이 묻어나야 한다.

와운마을 천년송을 우러러보며 내 삶의 방향을 그려본다. 나무도 사람을 가르친다. 천년송이 젊었을 때에는 솔잎이 무성해 작은 바람에도 떠는 소리를 내었으리라. 하지만 나이가 들면 나뭇가지가 듬성듬성해 큰 비바람이 불어도 꿈쩍하지 않는다.

나무나 사람이나 '나이가 들어야 철든다'라는 말이 허튼소리가 아니다. 일찍 철들면 좋겠지만 교만해지기 쉽다. 익은 벼가 고개를 숙이고, 아름다운 꽃들도 한결같이 고개를 숙인다.

뱀사골 어르신 천년송이 말씀하신다. "환경을 탓하지 마라. 어디서나 제 할 일 다 하면 뭇사람이 따르게 마련이다."

인도 다즐링

'눈[雪]이 사는 곳'이라는 '히말라야'는 산 이름이 아니라 산맥 이름이다. 북서쪽에서 남동쪽으로 활 모양으로 파키스탄, 인도(북부), 네팔, 부탄, 티베트(남부)를 거치면서 몇 갈래의 산계(山系)로 나누어진다. 히말라야에 8,000미터가 넘는 열네 개의 봉우리가 있다. 이 봉우리들을 성스럽게 이름 높여 '좌'라고 부른다. 이름하여 '히밀라야 14좌'이다.

우리가 익히 들어본 '좌'는 파키스탄에 있는 K2, 네팔 서쪽에 있는 안나푸르나, 중간쯤에 있는 에베레스트, 그리고 동쪽 끝 부탄 가까이에 있는 칸첸중가이다. 히말라야 14좌 대부분이 네팔에 있다.

동틀 무렵 황금빛으로 반짝이는 칸첸중가의 설산(雪山)을 보는 순간 황홀경에 홀딱 빠진다고 한다. 이 황홀경을 한꺼번에 바라볼 수 있는 곳이 인도 서쪽 벵골 산악지대 다즐링(Darjeeling)이다.

아내가 최빈국 방글라데시에서 함께 사는 조건으로 내세운 세 가지 중 하나가 배낭여행이었다. 배낭여행은 젊은 사람들이 적은 돈으로 인생 경험을 하기에 더할 나위 없이 참 좋은 선생님이다. 나도 대학에 몸담고 있을 때 제자들에게 틈나는 대로 강조하였던 게 배낭여행이다.

이미 편함에 길든 우리에게 배낭여행은 고된 여정이라고 둘러대 보아도 막무가내였다. 게다가 아내가 요구한 첫 대상지는 찾아가기가 몹시 힘든 곳이었다. 다즐링이라고, 생전 처음 듣는 이름이었다.

나도 마찬가지이지만 아내는 완전 컴맹이어서 모든 여정을 짜는 건 어쩔 수 없이 내 몫이었다. 안 들어주면 귀국하겠다니 어쩔 것인가.

거기에는 장난감 같은 기관차가 느릿느릿 한가로이 오르내린다니 '빨리빨리 문화'에 찌든 나에게는 마음이 영 내키지 않았다. 하지만 거기 가야 맛볼 수 있는 만두, '모모(momo)'가 있다니 눈이 번쩍 떠졌다. 칸첸중가 황홀경을 머리에 떠올리다 나도 모르게 아내에게 고개를 끄덕이고 말았다.

인도 콜카타(옛 캘커타)에서 직접 다즐링까지 갈 수도 있는데 중간에 실리구리라는 곳을 거쳐 갔다. 실리구리 시내에 다즐링으로 가는 합승 택시를 이용하여 무사히 도착했다.

다즐링은 해발 2,287미터에 위치하여 연중 내내 서늘하다. 예약한 숙소를 찾는데 무척 힘들었다. 산동네이어서 숙소 습기가 심했다. 침대가 축축하고 방도 추워 난로를 피워야 했다. 하지만 일교차가 크고 강수량과 일조량도 풍부하여 녹차를 재배하기에는 안성맞춤인 곳이었다.

영국령 인도제국 시절, 영국 사람들은 홍차를 얼마나 좋아했는지 이곳을 그냥 두지 않았다. 여기에서 재배한 차를 자기네 나라로 실어 나르기 위해 1881년에 아랫동네 굼에서 산동네 다즐링까지 7km를 오가는 꼬마 기찻길을 건설했을 정도이다. 히말라야 산악마을을 느릿느릿 기어가는 이 기차는 석탄을 연료로 움직이는 폭 61cm의 아담한 증기기관차이다.

다즐링은 자동차를 하루 빌리거나 걸어야 한다. 우리는 물어물어 걸어 다니기로 했다. 해피 밸리(Happy Valley)라는 이름의 홍차밭을 찾아갔다. 이곳의 대표적인 홍차 밭이다. 하지만 이파리 따는 계절이 아니라 작업하는 광경을 보지 못했다.

해피 밸리 차밭을 둘러보고 나와 동네로 들어섰다. 사람 사는 냄새가 물씬 난다. 우리나라 시골 동네를 똑 닮았다. 구멍가게에서 비스킷으로 허기를 채우고 따뜻한 음료수로 목을 축였다. 한참 가니 길옆에 텐징(Tenzing Rock)이 보였다. 등산 로프 타기 연습지로 애용하는 이름난 바위이다. 티베트에서 탈출한 난민들이 모여 사는 자립 마을을 물어물어 찾아가는 길이었다.

아무리 선선한 높은 지대라지만 여름이고 많이 걸은 탓으로 걸음걸이가 무거워졌다. 아내의 시위가 시작되었다. 비상이다. 아내의 심상이 틀어지면 앞으로 일정은 말짱 무너지고 말기 때문이다.

지나가는 차마다 손들고 하소연해보았지만 거들떠보지도 않았다. 일본에서 살 때, 자유여행 하던 생각이 떠올랐다. 다리가 아파 걷기가 어려우면 지나는 차를 세우고 서툰 일본어로 애원하면 거의 태워주었다. 하지만 여기는 관광지라 그런지 도무지 통하지 않았다. 공짜로 태워달라는 것도 아닌데.

다행히 착한 자가용이 태워줘 아내의 시위 조짐을 초동 진압하였다. 물론 공짜는 아니다. 티베트 난민 마을에 들러 이리저리 둘러보고 다시 그 차로 숙소로 돌아갔다.

다음날 아내가 찻잎을 따는 여인의 모습을 기어이 보고 싶다고 하여 관광 상품으로 안내하는 차밭을 가 보았다. 드넓은 차밭의 주인은 몽땅 영국인이고 현지에 떨어지는 것은 고작 헐값의 품삯이다.

다즐링은 서벵골주에서 관광지로 키우고 있는 지역이다. 마침 그때 주지사가 방문하여 어떤 행사를 하고 있었다. 사전 예약을 하지 않아 행사 현장은 들어가지 못했으나 내용은 대충 알았다. 아내가 방글라데시 영국문화원에서 배운 실력으로 행사자들에게 물어 해답을 얻어왔다.

모모(Momo)에 짜이(커피에 우유 탄 것)와 먹으면 환상적이다. 미녀 칸첸중가를 한눈에 바라볼 수 있는 옥상이 있어서 유명하다는 식당에 갔다. 식사하면서 황홀한 미녀를 바라보는 순간, 입이 딱 벌어져 다물어지지 않았다. 모모도 떨어뜨릴 뻔했다. 아내에게 미안해 아내의 얼굴을 살짝 훔쳐보니 아내는 슬쩍 머리를 돌렸다. 공감이라도 하듯이.

칸첸중가 봉우리 바로 아래 베이스캠프에서 올려다보는 것보다 멀리서 바라다보는 모습은 더 매력적이있다. 붉은 햇빛을 받아 연중 내내 반짝이는 칸첸중가는 분명 황홀한 미녀이었다. 예술작품은 멀리서 볼 때 더 아름답게 빛난다.

멀리서 보니 다즐링 마을이 칸첸중가 봉우리 아래에 다닥다닥 붙어 있는 것처럼 보인다. 그 식당은 칸첸중가와 다즐링 마을이 서로 조화를 이루며 연출하는 파노라마 뷰로 이름나 있었다. 이를 눈으로 사진으로 그림으로 담으려 많은 관광객이 찾아오고 있다.

장난감 모양의 기차(토이 트레인)역에서 다즐링 언덕까지 물건을 싣고 오르는 조랑말과 포터들은 안나푸르나 베이스캠프 여정에서 보았던 모습들이다. 아내가 갑자기 걸음을 멈췄다. 다리가 잘린 남자가 양재기를 앞에 놓고 동냥을 하는데 그냥 지나칠 수 없었나 보다. 그 걸인도 인도 사람이니까 영어로 대화를 나누었겠지.

네팔, 부탄, 티베트를 연결하는 교통의 요충지였고, 지방 상업의 중심지였던 다즐링. 홍차 밭과 칸첸중가 이외에 볼거리는 그리 많지 않지만 각박한 세상에서 느리게 힐링할 수 있는 다즐링. 슬로우 힐링 지역에서 스피디 관광 지역으로 레드오션이 되면 어쩌나 걱정이 앞선다.

바닷속 진주가 보석 중의 보석이라고 한다. 진주는 오랜 아픔을 이겨내며 만들어져 희귀한 데다가 겉모습이 은은하며 빛깔이 우아하여 매력적이기 때문이다.

산속의 진주는 세계 지붕 밑의 다즐링이 아닐까. 왼쪽에는 만년설의 히말라야가, 오른쪽에는 세계 최고 행복 지수의 나라 부탄이 천사의 양 날개처럼 펼쳐져 있다.

뒤에는 칸첸중가 봉우리가 서치라이트 켠 것처럼 황금빛으로 찬란하게 빛나고, 앞쪽에는 세계 홍차 마니아들의 사랑을 듬뿍 받는 차밭이 펼쳐져 있는 동화 속의 마을이다. 티끌 하나 없이 맑은 사람들이 모여 사니 진주 중의 진주이다.

귀엽게 생긴 빨간 뺨 원숭이가 살짝 할퀴더라도 뜨거운 녹차 한 잔으로 마음을 너그러워지게 하는 묘령의 여인. 그녀는 미스 '다즐링'이다. 다즐링은 치유의 능력도 있어 몸이 아픈 이들이 힐링하러 온다. 미녀는 자신을 찾아온 사람에게 삶의 이유를 확실하게 알려 준다.

다즐링에서 칸첸중가를 바라보면 사람들을 겸손하게 만든다. 하늘을 찌를 듯 우뚝 치솟아 장엄하면서도 황홀한 존재, 칸첸중가는 오래오래 사람들을 다즐링으로 끌어올릴 것이다.

전당포

석 돈짜리 금반지가 날로 야위어갔다. 전당포에 며칠 들어갔다 나오면 생채기가 나고 수척해 보였다. 차마 무게를 재보지는 못했다. 서울에서 대학을 다니게 되자 지방에 계신 부모님이 마련해 준 금반지였다.

캠퍼스에서는 부모님이 보내주는 생활비를 향토장학금이라고 불렀다. 내 향토장학금은 넉넉지 않았다. 부모님은 아들이 궁핍하게 지낼까 걱정이 되어 비상 수단으로 금반지를 마련해 주셨다.

매달 향토장학금이 오기 일주일 전쯤 되면 주머니가 헐렁했다. 내가 용돈 관리를 잘하지 못하는 건지 한 주일 치가 늘 모자랐다. 버티다 어쩔 수 없으면 전당포로 가서 돈을 빌리곤 했다. 다행히 전당포 이자가 부담되는 수준은 아니었다.

지금은 신용카드가 있어 내 돈이 바닥나더라도 이자만 내면 필요한 만큼 융통할 수 있는 시대다. 나도 한때는 신용카드를 사용하다가 소비가 헤퍼져 중단하고 지금은 직불카드만 사용한다. 다행히 통장에 있는 범위에서 나가니 빚 없이 지낸다.

대학생 때 자주 들락거렸던 추억의 전당포가 아직도 뜨문뜨문 보인다. 여전히 이용하는 사람이 있나 보다. 급전이 필요한 사람은 언제든 있을 것이다.

전당포에서는 전당품의 가치가 중요하다. 만일 빌린 돈을 갚지 않으면 주인은 법정 기일이 지나자마자 공매 처분할 수 있다. 빌려준 돈을 찾기 위해서이다. 전당품은 고가이면서 부피가 작을수록 좋다. 다이아반지, 금반지, 고급 시계, 카메라 같은 것.

전당포는 조금 외진 곳에 있다. 전당포를 드나드는 사람들이 주위의 시선을 꺼리는 경향이 있어서일 듯하다. 전당포는 대개 건물 위층에 있다. 나쁜 사람이 일을 저지르고 도주하더라도 경찰이 오기까지 시간을 벌기 위한 묘수일 것이다.

주뼛거리며 전당포 안으로 들어서면 주인이 쓱 아래위로 훑어본다. 장물인지 아닌지 판가름하기 위함이다. 전당품을 반원 모양의 쥐구멍만 한 곳으로 들이밀면 주인은 녹음기 틀듯 먼저 묻는다. "얼마가 필요한가요?"

주인은 전당품을 딱 보면 금방 빌려줄 최대 금액을 산정해 낸다. 빌려주는 돈은 반드시 찾으러 오도록 유인하는 액수이어야 한다. 말이 공매처분이지 그게 쉽지 않아서다. 금액이 정해지면 주인은 전당표를 끊어준다. 품명, 기한, 빌려준 돈 액수가 적혀 있다.

옛 우리의 전당포는 빌리고 빌려주는 관계가 조화를 이뤄 그래도 긍정적인 이미지가 풍긴다. 하지만 외국의 전당포(pawnshop)는 그렇지 않았다. 외국의 전당포 주인은 포주, 구두쇠, 짠돌이, 벽쇠, 자린고비라고 번역한다. 부정적인 이미지가 강하다.

프랑스 극작가 몰리에르가 지은 희곡 「Miser, 수전노」가 생각난다. 탐욕스러운 고리대금업자인 아르파공(Harpagon)은 인간이 얼마나 비인간적인가를 잘 보여주었다. 하지만 영국의 소설가 디킨스가 지은 「크리스마스 캐럴」에 나오는 스크루지를 떠올리면 긍정적인 이미지로 바뀐다. 냉혹한 수전노 스크루지가 나중에 마음을 고쳐먹고 착하게 살았으니, 그 착한 스크루지가 우리를 훈훈하게 해 준다.

구두쇠라고 소문이 자자했던 할머니가 전 재산을 장학금으로 내놓는 미담이 심심치 않게 들린다. 스스로는 지독하게 살면서 어려운 이웃을 위해 전 재산을 아낌없이 선뜻 내놓은 천사들이 우리가 사는 이 세상에 있다.

요즘 길거리에서 오토바이를 타고 돌아다니며 건물 입구에 명함만 한 전단지를 던지고 가는 사람들을 심심치 않게 본다. 선량한 물고기에게 알량한 미끼를 던져 걸려들기를 기다리는 낚시꾼들이다. '급전, 일수.' 돈이 급한 처지에 몰린 사람을 미혹하여 터무니없는 이자를 조건으로 하여 쌈짓돈을 갈취하려는 자들이다. 이럴 때마다 내가 대학생 때 드나들었던 전당포 주인이 생각나고 그리워지기도 한다.

멀리서 바라보이는 건물 위층에 걸린 전당포 주인은 지독한 고리대금 업자 '아르파공'일까, 아니면 잘못을 뉘우치고 회개하여 거듭난 바울과 같은 '스크루지'일까. 전당포 앞을 지나면서 조용히 눈을 감아본다.

오십 년 세월이 흘렀다. 강산은 다섯 번 변했을지라도 세상살이는 변함이 없어 보인다. 사람이 살다 보면 돈이 급히 필요한 때가 생기는 것도 변함없는 일 같다.

하지만 요즘 세상에 아무리 적은 돈이라도 빌리는 게 그리 쉬운 일이 아니다. 이럴 때 서로에게 도움이 되었던 옛날의 전당포가 살아 숨 쉬고 있으면 좋으련만.

단골

나비나 하루살이가 한군데로 모여드는 데에는 나름의 이유가 있다. 거기에 먹잇감이 있다는 거다. 얘네들은 이것저것 따지지 않고 냄새만으로 날아든다. 하지만 사람은 뭔가 생각하고 판단하여 찾아가고 모여든다.

날아다니는 동물에는 비행기와는 달리 하늘길이 정해져 있지 않다. 교통사고도 없다. 하지만 땅에서 사는 개미와 사람은 오가는 길이 정해져 있다. 산과 들 개미들은 일렬로 줄 서서 어디론가 열심히 이동한다. 나면서부터 지닌 능력을 발휘하며 사회생활을 한다. 사람 사회에서 개미가 자주 등장하는 것은 사람 사회와 엇비슷한 게 많아서다.

주식시장에서 개인적으로 투자하는 사람(개미), 저축과 절약만 일삼는 사람(개미족), 쉴새 없이 이사 다니는 청년(개미군단), 자잘한 일만 하고 큰돈을 벌지 못하는 사람(개미사단), 줄지어 쭉 늘어선 모습(개미진) 등은 모두 개미와 연관되어 있다.

개미가 이동하는 행렬을 보면 군부대가 이동하는 것 같다. 장엄하고 엄숙하다. 마치 잘 아는 동네 골목길처럼 능숙하게 이동한다. 많은 경험에서 비롯되는 것일 것이다.

개미도 처음 가는 길은 서먹서먹해도 자주 다니면서 어느새 익숙해진다. 사람도 자주 다니면 단골이 된다. 단골은 자주 다니는 곳이나 손님을 말한다. 나도 '단골' 하면 생각나는 식당이 있다.

손님이 북적대는 식당은 뭔가 끌어들이는 매력이 있다. 개업 식당의 성공 여부는 석 달에서 반년이면 판가름 난다. 단골을 얼마나 확보하느냐가 관건이다. 단골이 이른바 고정 매출액을 정한다.

나는 단골로 드나드는 돼지국밥집이 세 군데 있다. 대전 유성시장 윤일 순대집, 대전 유성 신성동 천리집, 그리고 서울 탑골공원 뒤 낙원동 합천집이다.

매일 영업하는 윤일 순대집은 오 일 장날이면 단골로 북적댄다. 손님들이 장 보러 왔다가 마치 출석부에 사인하듯이 한번 꼭 들르는 집이다. 국밥값은 저렴하면서 맛은 최고이다. 이 식당에서 나는 국밥보다 머릿고기를 즐긴다.

윤일 순대집에 처음 갔을 때는 머릿고기 한 접시가 남을 분량이었다. 시간이 지나니 어느 정도 단골로 대우해 줘 최소 단위 한 접시 대신 반 접시짜리도 만들어 주었다. 게다가 장날이면 고기가 듬뿍 든 뜨거운 국물도 선뜻 내준다. 내가 이 식당을 단골 식당으로 삼고 식당 주인도 나를 단골로 대우해 주니 서로가 마음이 통한다.

천리집은 소문난 맛집이다. 주변 식당은 코로나19로 손님이 뜸하지만, 이 식당은 변함없이 북적댄다. 국밥값이 저렴한데도 모자라면 또 한 그릇을 기꺼이 준다. 잘 삶은 쫀득쫀득한 간(肝)도 공짜로 먹게 한다. 김치 깍두기도 흔한 중국산이 아니다. 직접 담근다.

후식으로 요구르트도 맘대로 먹게 한다. 단골이 늘어날 수밖에 없다. 코로나-19로 식당에 들어오길 꺼리는 단골을 놓치지 않으려고 포장도 푸짐하게 싸 준다. 잘되는 식당은 다 이유가 있다. 탁월한 단골 관리다.

합천집은 요즘 내가 매주 두 번씩 인사동과 익선동을 드나들면서 새로 단골식당 목록에 올린 식당이다. 종로 삼가 탑골공원 뒷골목에 돼지국밥집이 모여 있다. 모든 식당을 차례로 시식해보고 합천집을 단골로 삼고 있다.

이 집은 골목 코너에 있어 입지적으로 유리하기도 하지만 특색이 있다. 식당 입구 문을 시골 초가집으로 도배하고 있다. 고향 맛이 침샘을 자극한다. 문을 열고 들어서면 양은 쟁반 위에서 방금 삶은 돼지 머릿고기가 함박웃음으로 인사한다. 식탁 여섯 개 의자 열여덟 개가 전부인 작은 공간이다.

남자 주인과 여자 종업원 한 명이 일하고 있다. 주인도 종업원도 손님도 아무도 말이 없다. 가끔 두셋 손님이 들어와도 분위기에 압도된 듯 영화관 애인처럼 속삭인다. 주인은 단골을 꿰뚫고 있는 듯한 인상이다.

이 식당의 메뉴는 육천 원, 칠천 원, 팔천 원, 그리고 만 원짜리이다. 모두 먹어보았다. 역시 나는 칠천 원짜리 따로국밥이 제일이다. 육천 원과 팔천 원은 순대만 들어 있는 국밥인데 양의 차이이다. 만 원짜리는 머릿고기 수육인데 혼자 먹기에 양이 많다.

이 식당에 처음 갔을 때는 고기가 제법 많아 남는 듯하여 밥을 줄여달라고 하였다. 단골로 드나든 지 오래되다 보니 주인이 내 양에 맞게 고기를 넣어 준다. 국과 밥을 남기지 않고 샅샅이 먹는다. 주인이 나의 식성을 잘 관리하고 있다. 내가 단골로 삼지 않을 수 없는 이유이다.

단골은 작은 식당에서 대형 회사에 이르기까지 성패를 좌우하는 '단어'이다. 공통점은 친절이고 성실이고 믿음이다. 이것은 처음 찾는 손님을 단골로 만드는 데 쉬우면서도 어려운 '성공 비결의 무기'이다.

식당에서 종업원들이 손님을 허물없이 대하는 걸 보니 단골인가보다. 가족이 다 된 손님이다. 미장원, 이발소 주인은 단골손님에게 여기저기에서 주워들은 소문을 아낌없이 전한다.

요즘 코로나19 시대에 더욱 절실하게 떠오른 것이 '단골'이다. 단골만 잘 관리하면 두려울 게 없다. 단골 사이가 되면 외상 장부에 기록만 하고 월말에 갚는다. 주인은 손님에게 친절하고 성실한 '믿음'을 파는 것이다.

아무리 나라 안팎으로 어수선한 세상이라도 사람의 기본 정서는 변함이 없는가 보다. 짧은 시간에 뭔가 얻으려고 욕심부리면 금방 드러난다. 멀리 내다보고 차근차근 성실, 믿음, 친절을 쌓다 보면 '단골'이 쌓이게 된다. 주인이나 손님이나 막 삶아 나온 돼지처럼 늘 환하게 웃게 마련이다.

엿장수

엿장수라고 업신여기면 안 된다. 그도 엄연히 권한이 있다. 엿장수는 직접 스스로 만들어 팔거나 공장이나 도매가게에서 떼다 판다. 끌을 엿판에 대고 엿가위로 톡톡 두들겨 자를 때 두툼하게 하거나 얇게 하는 건 엿장수 마음이다. 엿을 어떤 모양으로 자르느냐 하는 것도 엿장수만이 가진 권한이다.

엿장수의 장사 도구는 엿, 엿판, 끌, 엿가위, 손수레 등 제법 다양하다. 시선을 끌기 위해 옷차림도 알로록달로록하다. 동네를 돌아다니는 엿장수는 자기 어깨보다 넓은 판자 가장자리를 테두리 하여 엿이 흘러내리지 않게 한다. 하얀 삼 실로 좌우 측에 끈을 달아 고개에 걸친다. 판자 한쪽 면을 배꼽에 걸치면 번듯한 선반이 된다. 돈을 벌어 손수레를 장만하는 게 큰 바람이다.

엿은 엿기름으로 삭힌 뒤 겻불로 밥이 물처럼 될 때까지 끓이고, 그것을 꼭 짜서 진득진득해질 때까지 고아 만들어 달착지근하고 끈적끈적한 음식이다. 끈적끈적하여 한 번 붙으면 잘 떨어지지 않아 시험장마다 다닥다닥 붙여 놓아 합격을 소원한다.

어떤 할머니는 하도 먹고 싶어 참다 참다 부스러기를 씹다가 틀니가 빠지기도 하였다. 지금도 그 엿의 추억을 잊지 못하는 사람들이 있어 엿장수가 동네 길거리에서 떠나지 못하고 있다.

엿의 대명사는 뭐니 뭐니 해도 '울릉도 호박엿'이다. 울릉도에는 주름치마같이 생긴 이랑과 고랑 사이에 노련미가 반짝반짝 흐르는 누리끼리한 호박이 많이 난다. 엿장수들은 장단에 맞게 왱강대며 엿 가위질한다. 동네가 떠나가게 엿불림한다. "둘이 먹다가 하나가 죽어도 모를 맛 좋고 빛 좋은 울릉도 호박엿이 왔습니다. 철거덩 철거덩."

엿장수는 멀리 동네 어귀에서부터 구수한 장단에 맞춰 엿 가위질을 시작한다. 소리 듣고 엿과 바꿀 거리를 준비하라는 예고이다. 꼬마들은 그동안 모아두었던 쇳조각, 낡은 고무신, 빈 병 등을 들고 기다린다. 엿장수에게 가장 기대되는 물건은 놋쇠였다.

청년들은 엿치기도 즐겼다. 엿가락을 부러뜨려 그 속의 구멍이 크거나 구멍 수가 많으면 이기는 게임이다. 시작하기 전에 승패의 기준을 정한다. 진 쪽이 엿값을 낸다. 한 번에 승패를 가리지 못하면 다시 새로 부러뜨린다. 점점 엿값이 불어나기도 한다. 엿값이 부담되는 정도가 되면 반반씩 낸다. 훈훈한 정이 있다.

엿장수는 어느 정도 시간이 지나면 다음 마을로 이동한다. 지게에 엿판을 짊어지고 가위소리에 맞춰 멀리까지 들리도록 신나게 절강대는 엿단쇠, 그 소리가 나면 또 건넛마을에서도 부스럭대기 시작한다.

요즘 엿장수는 흔하지 않다. 하지만 손님이 많이 모여드는 큰 식당 앞이나 주차장 한쪽에 자리 잡고 추억을 파는 현대식 엿장수도 보인다. 예전보다 상품이 다양하다.

울릉도 호박엿을 한가운데에 주빈으로 모시고, 그 주변에 생강엿, 햅쌀 엿, 100% 무설탕 엿, 천연당분으로 직접 만든 전통 엿, 깨엿, 땅콩엿, 수능 대박 엿, 행운의 합격 엿 등을 주빈 들러리로 장식한다. 서울 명품거리 인사동 골목에도 화려한 옷차림의 엿장수가 인기를 누리고 있다.

엿에 얽힌 이야기도 많다. 대개 듣기 좋은 이야기가 아니다. 남을 속이거나 골탕 먹이고 싶을 때, 엿을 공짜로 주면서 하는 말이 있다. "엿이나 먹어라", "엿 먹이는 거냐?" 엿을 먹을 때 이빨에 달라붙어 먹기가 힘들다. 깜냥 골탕 먹이려고 하는 속셈이다. 그래서 요즘 입안에 달라붙지 않는 엿이 새로 개발되었나 보다. 틀니도 빠지는 일이 없다.

"엿장수네 아이, 꿀 단 줄 모른다"는 말도 있다. 어떤 것을 자주 보거나 겪으면 그보다 더 좋은 것을 보더라도 제대로 알아보지 못한다는 말이다. 하지만 이 말은 귀가 얇아 자칫 오만해지기 쉬운 우리에게 경종을 울리는 좋은 말로도 들린다.

수묵산수화 그리기를 즐기다 보니 인사동 거리를 자주 들락거린다. 올해 대한민국 미술대전에서 좋은 성적을 올리려고 마음먹었으니 갈고 닦는 일을 게을리할 수 없다.

하지만 그게(합격, 불합격) 어디 엿장수(내) 맘대로 되는 일인가? 그래도 엿장수(심사위원) 마음에 들도록 연마를 할 수밖에 없겠지. 세상살이가 모두 그렇듯이 내가 할 일을 '진인사' 하면 '득(得)천명'하겠지 하고 나의 좌우명을 되새기며 오늘도 인사동 거리를 누빈다.

뜬금없이 인사동 엿장수가 부러워 그의 얼굴을 뚫어지게 들여다본다. 눈 마주치니 멋쩍어 허공에 대고 혼잣말 날린다. '나도 엿장수 할까.'

자리끼

나는 고등학생 때까지 할아버지 할머니와 함께 살았다. 할아버지는 안방에서 주무시기 전에 늘 머리맡에 자리끼를 챙겼다. 주무시다가 입이 마르면 마실 물이다. 한밤중에 할아버지가 자리끼 찾느라 홈착거리는 소리에 옆방에서 자던 나까지 깨곤 했다.

날이 차가워지면 어머니는 시부모가 주무시기 전 아궁이에 장작을 지핀다. 아랫목이 뜨거워지면 공기가 탁해진다. 어머니는 시부모 자리끼를 머리맡에 둔다. 이게 겨울철 며느리 하루 일정의 마무리이다.

할아버지는 밤에 주무시다가 소변이 마려우면 바깥 변소를 찾았다. 아무리 추운 날이라도 그랬다. 할아버지의 깊은 마음이 들어있다. 할머니는 할아버지가 나간 틈을 타 요강을 찾느라 홈착거린다.

나는 두 분과 함께 살면서 정이 시나브로 쌓여갔다. 할아버지는 그냥 노인이 아니었다. 할아버지는 훌륭한 어른이었다. 어른, 어르신은 나이와 더불어 뭇사람에게 귀감이 되는 분이다. 사회에 보탬이 되는 분이다.

할아버지 친구가 가끔 집을 찾아오셨다. 놀러 가자고 부르러 온 것이다. 아이들과 다를 바 없다. 다만 "00아, 놀자"라고 부르지 않았을 뿐이다.

할아버지 친구는 할아버지를 부를 때 "재사당, 있나?" 했다. 이름을 부르지 않고 아호를 불렀다. 아호로 보아 할아버지는 웅숭깊었나 보다. 할아버지는 일본 강점기 시절 벽촌 소학교 육성회 이사장이었다. 교육에 관심이 많았고 덕망이 높았나 보다.

내가 할아버지의 그 나이에 문학과 미술로 예술 작가가 되고 보니 할아버지 자리에 내가 앉고 싶었다. 예술인으로서 은근슬쩍 할아버지 아호가 탐났다. 내 친구들이 나를 '재사당'이라고 불러 주기를 은근히 바랐다. 할아버지 친구처럼.

할아버지는 말 한마디 할 때마다 여러 번 생각하고 또 생각하는 편이어서 친구들이 불러준 아호가 '재사당(再思堂)'이었다. 할아버지 친구들이 할아버지 성품을 보고 지었을 것이다. 하지만 나는 할아버지를 닮고 싶어서 내가 스스로 차용했다.

아무리 기다려 봐도 나를 '재사당'이라고 불러주는 친구가 나타나지 않는다. 아직 내 인품이 할아버지에 미치지 못하기 때문이리라. 그냥 지금처럼 '돌샘(石泉)'이 낫겠다.

아버지는 장손이어서 제사를 거의 달마다 지냈다. 할아버지가 돌아가신 후 제기(祭器)가 몽땅 아버지에게 넘어왔다. 나는 제사 때마다 서울에서 대전으로 내려가야 했다.

어느 제삿날 나는 아버지께 조심스럽게 아뢰었다. "아버지, 저는 증조할아버지를 뵌 적이 없어서 '절'에 마음을 온전히 담지 못하겠어요." 아버지는 무슨 말을 하려는 듯하더니 그냥 내 말을 계속 들어주셨다. 역시 원조 '재사당' 아들이었다.

"제삿날 할아버지께 드리는 절은 평소처럼 문안드리는 마음이 고스란히 담겨있어요. 하지만 한 번도 뵙지 못한 증조할아버지는 절 대신에 묵도로 대신했으면 좋겠어요."

아버지와 어머니가 주일 나란히 교회에서 예배드리던 때이다. 아버지는 내 제언이 무리가 아니었는지 거절을 하지 않았다. 얼마 안 되어 제삿날이 추모의 날로 바뀌었다.

나는 지난해 겨울, 서울로 이사 오면서 낡은 가습기를 버렸다. 그동안 까맣게 잊었던 할아버지 자리끼가 생각났다. 겨울이면 보일러를 가동해 방 공기가 건조하니 가습기가 있어야 한다. 가습기를 장만하기 전에 할아버지 자리끼를 머리맡에 두어보았다. 그래도 공기가 건조하여 밤에 물을 마시느라 잠을 설친다.

그러면서도 아직 가습기를 새로 장만하지 않았다. 나는 유행에 민감하지 않다. 신상품을 사 본 지도 오래되었다. 신상품이라고 해 봤자 이월상품과 크게 다를 바 없다고 믿어서다. 신상품 출시는 마케팅 수단이라는 것도 잘 아는 터다.

아내는 늘 나더러 싼 옷을 입혀도 "부티가 난다"고 치켜세운다. 자기 고등학교 동창은 "남편에게 아무리 비싼 옷을 입혀봐도 티가 나지 않는다"며 구시렁댄다고 한다. 아무리 내 아내지만 어디까지 믿어야 할지.

하기야 아내도 신상품을 사는 것을 본 적이 없다. 백화점에서 유명 브랜드 이월상품만 즐겨 산다고 자랑한다. 아내에게는 겨울이 되면 즐겨 입는 명품 코트 하나가 있다. 삼십 년 전에 정가의 십 분의 일 가격으로 샀다고 자랑한다. 겨울이면 나타나는 그 코트는 늘 신상품 같다.

가습기 이월상품 하나 장만할까 망설이다가 한 해가 다 간다. 이러다 봄이 오는 게 아닌가 싶다. 신상품이라도 여과 필터를 갈아 끼우는 수고는 해야 하지 않는가. 그것도 쉽지 않다.

이래저래 어지간하면 할아버지 자리끼가 훨씬 나을 것 같다는 생각에 이른다. 할아버지가 잠자리 머리맡에 챙기셨던 맑은 물 가득 담은 사기 국그릇 자리끼. 내 눈에는 오롯이 며느리인 어머니의 정성으로 보였다.

새록새록 지난날이 그리운 것은 나이 탓만도 아닐 것이다. 넉넉한 삶은 아니었어도 마음만은 넉넉했던 나날이었다. 가습기가 발명되어 삶은 편해졌다지만 가습기에는 정성이 없다. 정수기에서 뽑은 물을 가습기에 넣었을 뿐이니 정성이 깃들 틈이 없다.

편리함이라는 새싹에서 그리움이라는 고목이 발견되는 건 참 다행스러운 일이다. 겨울이 되면 할아버지가 내 침대 옆에 계시고 자리끼도 그 옆에 앉아 있는 듯하다. 할머니 요강도 나란히.

한 해가 저물어 가는데 뜬금없이 할아버지 자리끼가 떠오른 것은, 나를 '그림 할아버지'라고 부르는 손주들 때문인지 모른다. 나도 저 녀석들에게 '할아버지 자리끼' 같은 것을 남겨줄 수 있을까.

그런데 '돌샘'이 '재사당'에, '그림 할아버지'가 '자리끼 할아버지'에 견줄 만하려나. 글쎄다. 올해가 가기 전에 손주들을 위한 추억의 자리끼 하나 만들어야 할 텐데….

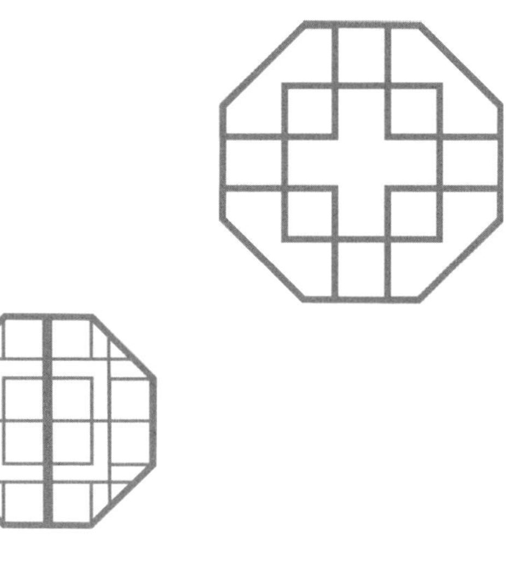

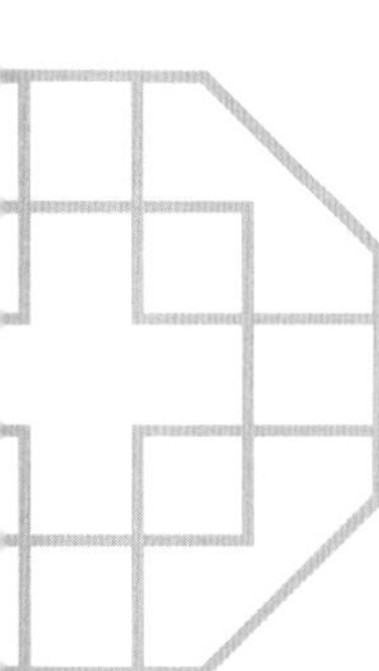

2

큰손녀

천료(薦了)

대학 시절 고등학교 동기가 “나는 아빠다”라고 넌지시 알렸다. 나한테만 귀띔한다는 것이다. 당시는 혼례를 치르지 않고 아기 먼저 나으면 ‘사고 쳤다’는 듯 눈을 흘겼다. 그래도 이 친구는 아랑곳하지 않고 덩실덩실 웃음이 떠나지 않았다. 아마 아들을 낳아서 부모님이 좋아하신 듯하다. 친구 부모는 장손으로서 대를 이을 후손이 간절했다고 한다.

나는 지난 5년 동안 아내의 허락하에 새 애인을 두었다. 목요일마다 만나러 집을 나섰다. 1년을 사귀면서 정이 푹 들었다. 쌓인 정이 워낙 커 더 이상 참을 수 없는 상태에 이르렀다. 만삭이 되었다. 하지만 그 핑계로 출산하는 게 영 마음에 내키지 않았다. 어찌하나.

몇 년 전에 지방에서는 꽤 알려진 시문학동인회에서 나를 어찌 알았는지 연락이 왔었다. 시인으로 등단하고 싶으면 다섯 편을 보내라는 것이었다. 별 고민 없이 불쑥 보냈다. 중국에서 선교사로 지내면서 쓴 것이다. 신인 시인상을 수상하러 오라는 통보를 받았다.

그 후 얼마 안 되어 첫 시집도 출간하였다. 절친들은 시를 콩 구워 먹듯 쓴다고 의아스럽게 쳐다봤다. 사실 나는 그동안 조용히 백여 편을 준비해 놓은 상태였다. 나는 문학을 너무 좋아한다. 글 쓰는 게 너무 좋다.

요즘은 아기를 먼저 낳고 혼례는 나중에 해도 탓하는 사람이 없다. 오히려 칭찬받는다. 하지만 꼰대인 나는 그게 썩 내키지 않았다. 나는 '등단 시인'으로 첫 시집을 출간했으니 정도를 밟은 것이다.

서남아시아를 대표로 삼은 방글라데시와 아프리카를 대표로 한 D.R. 콩고가 나의 주요 선교지다. 이들 나라는 막다른 처지에 놓인 이웃에 마중물을 주는 제도가 아직 없다. 내가 그들에게 다가가 손잡고 기도해준다. 먹거리도 슬며시 놓고 오고 학용품도 건네주고 수업료도 대신 내준다.

코로나19가 끝났어도 두 선교지 현지 사정으로 아직 국내에 머물고 있다. 그래서 우리나라에서 나의 손길이 필요한 곳을 찾아다닌다. 시(詩)로 그러한 이웃에게 다가가는 것도 한 방법이다. 어려운 내용을 쉽게 시로 표현하면 훌륭한 선교일 것으로 여긴다. 그래서 첫 시집(『나무도 보고 숲도 보고』)을 출간하고 두 번째 시집(『천마리 학을 접는 마음』)도 출간했다.

'시는 어렵다'라는 인식은 여전하다. 하지만 유명 시인은 쉬운 내용을 쉽게 쓴다. 이른바 '좋은 시'를 쓴다. 하지만 풋내기 시인인 내가 아무리 쉬운 내용을 쉽게 쓰려고 해도 반응은 변함이 없다. 어찌할꼬.

내 시에 대한 독자들의 반응을 뒤쫓다가 '시보다 수필이 더 편하다'고 여긴다는 정서를 알았다. "옳다, 이제부터는 수필이다."

수필은 시인 등단처럼 지방에서 머리 틀고 싶지 않았다. 서울에서 등단하고 싶었다. 대전에서 매주 월요일 익선동에 있는 수필창작반 교실을 드나들었다. 일 년이 다가오니 70편이 다 되어 갔다. 뜬금없이 첫 시집 출간 때가 떠올랐다.

내 수필을 어느 유명 문학지에 선정된 신인 수필들과 비교하니 나도 할 수 있다는 자신감을 얻었다. 익선동 수필창작반 지도 교수님의 승낙하에 신작 수필 세 편을 제출했다. 교수님도 나도 기대가 컸다. 하나 기대가 크면 낙망도 크다는 걸 실감했다.

또 석 달 동안 갈고 닦아 엄선된 세 편을 제출했다. 이번에는 후보작으로 올라와 기대가 더 컸다. 이 작품은 다른 곳에 발표하지 않은 것이냐고 확인했기 때문이다. 당선 소감과 사진을 보내 달라는 소식이 오기를 학수고대했다. 몇 주가 지나도록 아무 말이 없다. 무소식은 그냥 무소식이었다.

어찌하나. 배는 자꾸 불러 오른다. 수필집은 보통 50편을 싣는다. 나는 이미 100편에 근접했다. 첫 수필집도 최고의 출판사에서 내고 싶어 그 유명 문학지와 출판계약했다. 출판할 때까지 신인 수필가 상에 다시 도전해 볼 기회가 한 번 더 있었다.

교수님도 응원하였다. 나의 좌우명 '진인사 득천명'을 이미 이해하고 있는 교수님이기에 용기가 났다. 하지만 이번에는 후보작 소식은커녕 아무 소식이 없었다. 첫 수필집 출판일은 바싹 다가왔다.

"교수님, 어찌하면 좋을까요? 혼인식도 올리기 전에 출산하는 게 요즘은 큰 혼수감이라고 하지만 저는 영 내키지 않습니다. 출산 예정일을 미룰까요?"

답답한 마음에 대전의 어느 원로 시인에게도 상의했다. "이미 시인으로 등단했으니 반드시 수필가로 등단해야 하는 건 아닙니다." 원로 시인으로서의 격려이었지만 영 내키지 않았다.

결국 출산 예정일에 수필집은 세상으로 나왔다. 그래도 나의 도전은 계속되었다. 수필 세 편을 준비하여 네 번째로 도전장을 냈다. 시간이 지나면서 느껴오는 게 있었다. 나는 아직 많이 부족한가.

첫 수필집은 출간 두 달이 지나면서 제법 널리 알려지기 시작했다. 아이 낳고 나서 혼례를 치르는 것에 대해 수필 심사자들은 어떻게 여길까. 옛날 같으면 어림도 없는 일이다. 건방지게 출간부터 했으니 수필가 등단이 필요 없을 거라고 제쳐놓을까. 아니면 사고를 쳤으나 혼례를 제대로 치르도록 도와줄까.

그 후 아무 연락이 없었다. 1년 동안 네 번의 도전이 헛되었다. 그런데 그러한 기다림의 시간 동안 문학 내부 세계를 알게 되었다. 지난 1년의 기다림이 결코 헛된 시간이 아니었다. 어느 문인은 나에게 귀띔한다. '사람이 하는 일'이라 그런 거라고. 말하자면 '보이지 않는 손'이 있다는 뜻이다.

나는 문학과 미술을 겸하고 있다. 알고 보니 그림 세계에서도 마찬가지였다. 지방에서는 대한민국미술대전에서 입상하기가 거의 불가능하다는 것을 알았다. 곧바로 그림 작업실을 인사동으로 옮겼다. 최소 3년을 목표로 삼았다.

나는 국전 초대작가의 길을 걷고 있다. 앞에서 이끌어주는 선생님이 있어야 한다는 것을 알았다. 드디어 현실이 내 앞에 나타났다. 국전 도전 첫해 입선하였고, 올해 두 번째 도전에서 특선하였다. 내년 우수상을 거머쥐면 초대작가가 된다. 목표를 향한 담금질이 느슨하지 않게 운동화 끈을 바짝 조인다.

수필도 마찬가지일 것이다. 얼마 전까지만 해도 수필가 등단은 매우 까다로웠다. 원로 작가가 오랜 시간 동안 눈여겨본 문하생의 작품을 동료 문인에게 '이 작품 어떠냐'고 추천한다. 원로들이 윤독한 후 '작가의 자격 있다'는 뜻을 전하면 '추천 완료'(천료)라는 합의에 이른다. 신인 작가가 탄생하는 순간이다. 얼마나 멋진 단어인가, '천료(薦了)'

지금도 그러한 방식을 고수하고 있는 수필단체가 존재한다는 소식을 접했다. 기다린 보람이 있다. 한국 수필문학을 선도하는 『수필문학』이다. 원로 수필가인 나의 지도 교수님이 그 『수필문학』에 추천하였고, 몇몇 원로 수필작가들이 윤독한 후 합격점을 주었다. 나의 '수필문학 천료'가 완성된 순간이다. 나는 이 '천료'라는 단어에 긍지를 갖는다. 수필집 출간과 '천료'라는 두 번의 단계를 거쳤기에 '참다운 신인 작가 인정'이라서 그렇다.

나의 습작 수필을 백여 편 읽으면서 함께 공부해온 익선동 수필반이 생각난다. 그렇다. 나의 작품을 선택해 주지 않는다고 투덜댈 게 아니다. 남 탓하지 말고 내가 할 일에만 매진하자. 그게 나의 신조가 아니겠는가. '진인사득천명'(尽人事得天命). '천료(薦了)' 만세!

헤밍웨이

지구촌에는 얼마나 많은 나라가 있을까? UN 가입국(193개국), 옵소버 2개국, 독립 국가이면서 UN에 가입하지 못한 미가입국(대만과 코소보)을 포함하면 197개국이다. 내가 여행한 국가는 약 40개국 정도이다. 여행국 수로만 보면 헤밍웨이는 20개국에 불과했으니 내가 더 낫다. 그러면 그보다 더 나은 작품이 나와야 하지 않겠나.

앞으로도 여행하려는 나라가 무려 약 160개국이나 된다. 이 중 몇 나라나 더 가 볼 수 있을까? 한 번 가 본 나라를 또 방문할 겨를이 없다. 하지만 쿠바는 예외이다. 그것도 한 달간 자전거로 찬찬히 둘러보고 싶다. 왜? 언어의 승부사 헤밍웨이 문장 기술을 눈으로 체험해보기 위해서이다.

쿠바는 공산주의 국가이지만 몇몇 공산국가 군에 포함하는 것을 썩 내키지 않아 한다. 쿠바는 국제공산주의 국가이고, 박애주의 국가이다. 국민이 빈곤한 삶을 이어가고 있다. 하지만 이웃 나라가 곤경에 처해 있을 때 의사와 간호사들이 자원해서 도우러 간다.

쿠바를 대표하는 인물은 체 게바라이다. 공산주의 국가들은 체재 수호를 위해 방방곡곡 통수권자 사진만 걸어놓는데 쿠바는 아니다. 오직 체 게바라 사진뿐이다. 상업 목적도 있겠지만 그래도 다른 공산국가와 다르다.

체 게바라의 본명은 Ernesto Guevara de la Serna이나 'Che Guevara'로 널리 알려져 있다. 'Che'는 반쪽 예수(Christ)라는 의미이다. 그의 행적을 보면 예수가 살아있을 때 행한 선행과 엇비슷하다고 해서 붙여진 별명이다.

쿠바를 대표하는 또 다른 인물은 헤밍웨이(Hemingway Earnest Miller, 1899~1961)이다. 그는 두 세계대전 종군 기자였다. 제1차 세계대전(1914~1918)으로 미국 물가가 치솟아 살기 어려워지자 많은 미국 사람들이 물가가 상대적으로 싼 유럽으로 떠났다.

그도 22살 때 파리로 건너가 여덟 살 연상의 작가와 결혼하여 '토론토 스타' 특파원으로 파리를 떠났다. 그 후 1928년 두 번째 부인을 만나 미국 플로리다주 키웨스트로 갔다. 키웨스트에는 그가 살던 집이 유료로 개방되어 있다. 그는 다시 1930년부터 1960년까지 쿠바에 정착했다. 세 번째, 네 번째 부인도 기자 출신이었다.

그의 생애 작품으로는 『태양은 다시 떠오른다』(1926), 『무기여 잘 있거라』(1929), 『오후의 죽음』(1932), 『도박사, 수녀와 라디오』(1933), 『누구를 위하여 종은 울리나』(1930), 『노인과 바다』(1952), 『움직이는 축제』(1964) 등이 있다. 이중 노벨문학상을 수상하여 세계적인 작가로 인생을 바꾸어 놓은 작품이 '노인과 바다'이다.

그는 부인 넷에 자녀들도 많았다. 바람둥이이었으며 여행가, 사냥꾼, 어부였다. 그는 세계문화 유산인 쿠바 올드 아바나에 있는 칵테일 단골 술집을 들락거리는 술꾼이었다.

그는 술집에 들어서자마자 다음과 같이 주문하면서 고정 좌석에 앉는다. "My mojito in La Bodeguita, My daiquiri in El Floridita"(내 모히또 라 보데기따, 내 다이끼리 엘 플로리디따). 이 주문은 세계 관광객들에게 내린 테제가 되었다. 여행자들은 이 문구대로 주문한다.

그의 두 단골 칵테일 술집, 라 보데기따와 엘 플로리디따에서 두 종류의 칵테일만 마셨다. 럼에 설탕과 민트를 넣은 칵테일, 모히도(Mojito)와 슬러시처럼 생긴 럼 칵테일, 다이끼리이다. 지금도 비싼 편인데도 불티나게 팔린다. 헤밍웨이는 당뇨와 고혈압을 앓고 있었어도 독하게 마셨다고 한다.

올드 아바나에 있는 암보스문도스 호텔(511호)에는 1932년부터 1939년까지 거주하면서 세 권의 소설을 집필했다. 그가 1939년에 아바나 외곽에 전망대와 농장이 딸린 저택(Finca Vigia)을 구입하여 1961년 쿠바를 떠날 때까지 호화롭게 살았다. 청빈한 암보스 호텔 생활과는 대조적인 삶을 이어갔다. 거기서 약 15km 떨어져 한갓진 코히마르 해변 포구마을, 코히마르(Cojimar)에서 『노인과 바다』를 탄생시켰다.

그런데 아이러니한 일이 지금도 진행 중이다. 미국이 쿠바를 지배할 때, 갖은 서러움을 받았으면서도 가장 미국적인 작가인 헤밍웨이의 추억을 팔아 나라 살림에 보태쓰고 있다는 일이다. 쿠바혁명(1959) 후 1961년 1월 미국-쿠바 간 단교로 이어지자 헤밍웨이도 미국으로 건너갔다. 그의 62년 삶 중 33년을 쿠바와 인연을 맺은 것이다.

미국 아이다호주 자택에서 엽총으로 자살하여 생을 마감하였다. 헤밍웨이 아버지도 동생도 본인도 권총으로 자살로 마감한 것이다. 여동생도 약 먹고 자살한 우울한 가족이다.

나는 쿠바를 사랑하는 게 아니라 체 게바라와 헤밍웨이를 좋아한다. 체 게바라는 국제공산주의자이지만 이름처럼 예수님을 닮아서이고, 헤밍웨이는 문학가이기 때문이다. 나는 선교사이고 시인이며 수필가이다. 쿠바에서 한 달간 여행하며 체 윤(Che Yoon)으로서 선교 활동을 하고 싶다. 헤밍웨이 윤(Hemingway Yoon)으로서 시와 수필을 집필하고 싶다. 그날이 언제나 오려나.

가시

굵은 소금을 살살 뿌린 청어를 연탄불 석쇠에 올려 노릿노릿할 때 먹으면 맛이 기깔났다. 맛나게 먹으면서도 가시가 많다고 투덜댔다. 하지만 맛이 좋으니 그 정도 불편은 참을 수 있었다. 그런데 요즘 청어 인기가 시들하다. 잔뼈 처리를 더 이상 참아내지 못하고 있어서 그런가 보다.

물고기는 몸에 가시를 달고 다니지 않는다. 몸속에 박힌 바늘같이 뾰쪽한 것은 '뼈'다. 사람들이 그걸 깜냥으로 '가시'라고 넘겨짚는다. 그 가시는 공격용도 보호용도 아니다. 몸의 한 부분일 뿐이다.

돌가시나무, 북가시나무, 종가시나무, 참가시나무는 가시라는 이름을 가진 나무이다. 성(性)만 다르다. 그런데 '가시나무'는 가시가 돋친 나무를 통틀어서 이르는 말이다. 가시나무도 물고기처럼 '가시'가 없다. 가지가 그냥 뾰족할 따름이다. 사람들이 그걸

'가시'라고 여기고 있다. 가시로 고통받으면 '까시'라고 호되게 쏘아붙인다.

하지만 탱자나무, 찔레나무, 장미꽃, 아카시아는 태어날 때부터 가시를 달고 나온다. 시골에서는 탱자나무로 산울타리를 쳤다. 삐쭉삐쭉한 가시가 촘촘히 박혀 달려들면 찌를 태세다. 강아지도 닭들도 드나들 엄두도 내지 못했다. 그렇지만 야트막한 탱자나무 산울타리는 보기에 좋았다. 달님이 하얀 탱자꽃을 비추면 엄마 저고리 브로치같이 번쩍거렸다.

찔레나무, 장미, 아카시아는 자신들이 곱게 피운 꽃을 보호하기 위해 가시를 초병으로 보초 세운다. 선인장은 아예 잎을 없애고 그 자리에 가시를 꽂았다. 동물로부터 자신을 보호하고 척박한 땅에서 가까스로 피운 꽃을 지키려는 처절한 몸부림이다.

물고기, 나무, 꽃은 공격하려고 가시를 두지 않는다. 순수하게 자기 보호용이다. 스스로가 약하다는 것을 알기에 강한 자들로부터 보호하기 위한 고군분투이다. 하지만 사람은 혀, 눈, 마음에 가시를 잔뜩 품어 뭔가 도사린다.

사람의 혀는 뼈도, 가시도 없지만 남의 뼈를 도려내기도 하고 살점을 찌르기도 한다. 혀에 보이지 않는 가시가 돋쳐 있기 때문이다. 가시 돋친 말이 상대방 마음에 가시를 박아 그의 뼈를 녹아내린다.

눈에도 독한 가시가 들어 있다. 이 가시에 쏘인 눈엣가시 마음에 가시가 돋는다. 쏘인 자도 아프지만 쏜 자도 아픈 건 마찬가지이다.

마음속에 품고 있는 가시는 겉으로 드러나지 않는다. 말로 튀어나오지도 않고, 눈으로 쏘지도 않는다. 재채기해도 섞여 나오지 않는다. 죽어도 잊히지 않는다.

가시 돋친 말로, 눈으로, 마음으로 남을 찌르면 내 살, 내 마음부터 아프다. 내 혀, 내 눈, 내 마음을 찌르고 남도 찌른다. 그래서 '가시 돋친 말로 가시가 돋는다'고 하는가 보다.

특별히 아픈 데도 없는데 왠지 마음이 울적하다면 그것은 마음에 가시를 두고 있다는 징후이다. 그것을 치료하려면 그 가시를 내 손으로 뽑아야 한다. 내 마음속에 가시가 든 채, 음식을 먹으면 체한다. 이때 탱자나무 가시로 손톱 밑을 찌르면 속이 뻥 뚫린다. 내 몸의 응혈 진 곳을 콕 찔러 풀어주면 심신이 편하다. 그래서 '손톱 밑에 찔린 가시는 가시로 스스로 뽑아야 한다'고 하는가 보다.

그래도 내 혀, 눈, 마음에 둔 가시를 뽑아낼 '양심의 가시'가 있으니 얼마나 고마운 일인가. 참으로 다행스럽다. '인생은 나그넷길이고, 그 길은 가시밭길'이라고 한다. 태어나 알게 모르게 마음속에 가시를 키우고 있어서 그런가 보다.

가시를 지닌 물고기, 나무, 꽃은 허약하다. 그것을 들키지 않으려고 애써 가시를 앞세운다. 사람은 완벽하지 못하다. 사람도 그것을 가리려고 체면, 위선, 거짓이라는 장막으로 덮고 있다. 눈에 띄지 않을 따름이다.

청어는 맛은 좋은데 가시가 많다고 투덜댄 것이 쑥스럽다. 나무 가시에 찔렸다고 발로 걷어차 봐야 내 발만 상처 난다. 가시가 난 것은 그 나름대로 사유가 있다.

가시의 속사정을 알고 나니 날카로웠던 탱자나무 가시가 무디어 보인다. 찔레나무에 찔러도 아프지 않을 것 같다. 물고기에 가시가 많다고 눈총 주지 않아야겠다. 하얀 탱자꽃, 찔레꽃, 아카시아꽃이 드레스 차려입은 누님같이 화사해 보인다.

가시의 사연이 내 사연이려니 여기니 연민의 정으로 다가온다. 내 마음속에 든 가시는 방어용도 아니고 공격용은 더욱 아니다. 가시 '무기'를 다 내려놓으니 홀가분하다.

세상이 '오월 꽃밭'으로 다가온다. 그 꽃밭을 가벼이 걸으니 나비와 함께 훨훨 날아갈 것 같다. 남은 인생길이 꽃길만 같아라. 신명 나는 세상이 왔다. '진작 내려놓을걸.'

자작나무 숲속에서

나이가 들어 명절이 되면 고향 하늘이 더욱 그리워진다. 실향민이건, 재외동포건, 난민이건 고향을 떠나온 이는 한결같은 마음이다. 타향도 정들면 고향이라지만 어디 내가 태어난 본향이나 어린 시절 뛰어놀던 고향만 하랴.

우리나라에 외국인들이 들어와 결혼하는 풍조가 짙어져 한민족(韓民族)의 정체성이 시나브로 사라지고 있다. 이러한 현상은 꽃식물도 마찬가지이다. 꽃식물 중 외래종이 하나둘씩 들어오더니 이제는 재래종을 밀어내고 주인 행세한다.

우리나라 외국인 마을처럼 자기들 종족끼리 한데 모여 마을을 이루고 있는 자작나무숲이 있다. 가장 큰 마을 숲은 인제 원대리에 있다. 추운 지방에서 이주해 사는 자작나무숲이다.

원래 소나무가 무리를 이루며 살던 곳이었다. 솔잎혹파리병으로 시름시름 앓다가 가망이 없자 벌채 당했다. 그 자리에 1989

년부터 1996년까지 자작나무 약 70만 그루가 터전을 잡았다. 이제 이십 대 후반 청년에서 30대 초 장년이 되었다. 이 중 41만 그루가 옹기종기 모여 사는 숲길이 있다. 인제 '자작나무 숲길'이다. 순백의 아름다움을 뽐내며 사람들을 불러 모은다.

자작나무 줄기 하얀 껍질은 종이처럼 얇게 벗겨진다. 벗겨진 껍질을 주어 명함도 만들고 연애편지도 써 건네준다. 낭만적이고 예술적이다.

껍질에 기름기(氣)가 있어 잘 썩지 않는다. 자작나무를 한자로 표현하면 빛날 '화(華)'이다. 자작나무가 탈 때 자작자작 소리를 낸다. 기름이 타는 소리이다. 결혼식을 시작한다는 알림으로 양가 어머니가 초에 불을 붙이는 것을 '화촉(華燭)을 밝힌다'라고 하는 것은 여기에서 나왔다.

자작나무 결은 단단하고 치밀하다. 벌레가 먹을 수도 없을 정도이다. 뒤틀리지도 않는다. 조각 재료로 쓰인다. 목판화를 즐겨 그리는 나도 국전 작품을 준비할 때는 자작나무 판을 사용한다. 팔만대장경 일부도 자작나무로 만들었다.

자작나무 판자로 목판화를 그리는 내가 자작나무를 직접 보지 않았으니 제대로 그려질 리가 없었다. 자작나무에 얽힌 궁금한 점들도 풀 겸해서 찾아가고 싶었다. 하지만 코로나-19 자꾸 내 발목을 잡아당겨 차일피일 넘겼다.

자작나무는 왜 껍질이 하얀색일까, 왜 얼굴만 있을까, 왜 속눈썹에 새까만 눈동자만 있을까? 자작나무에 얽힌 이런저런 궁금증을 상상하다 보니 어느덧 자작나무 숲길에 들어섰다.

자작나무의 원래 고향은 북위 40도 위 북유럽, 시베리아, 동아시아 북부, 북아메리카이다. 그곳 사람들은 밤낮으로 반짝이는 자작나무를 신령스럽고 기기묘묘한 능력을 가진 나무라고 여겼다. 이러한 자작나무가 38도 인제에 이민 와서 살고 있다.

자작나무 가지 껍질도 여느 껍질처럼 처음에는 갈색이다. 성장하면서 그 껍질에 들어 있는 '베툴린산'이라는 물질이 빛을 반사하면서 갈색이 흰색 빛깔로 보인다. 과학자의 설명이다. 하지만 내 눈에는 그렇게 보이지 않는다.

자작나무 껍질이 벗겨지면서 얼굴에 속눈썹에 새까만 눈동자 모양이 생긴다. 큰 줄기 아래도, 배에도, 가슴에도, 목에도, 심지어 턱까지 올라온다. 눈동자는 완성되지 않은 채 새로운 눈동자가 생긴다. 고향 그리움에 얼굴만 하염없이 하늘로 올라간다. 고향이 보이는 곳까지 높이.

자작나무는 그리움이 가득 찬 나무이다. 고향 그리움이다. 그리움을 색깔로 표현한다면 어떤 색깔일까? 그리움마다 색깔이 다르겠지. 동백꽃을 따서 머리에 꽂아준 그리움을 찾는 이의 색깔은 붉은색일 것이다. 기다리다 지친 연인의 색깔은 해바라기 노란색일 것이다. 자작나무의 고향 그리움의 색깔은 눈과 얼음으로 뒤덮인 북극의 하얀 색깔일 것이다. 자작나무는 고향이 사무쳐 온통 하얀 색깔이 되었다.

이제 자작나무를 제대로 화폭에 담을 수 있을 것 같다. 눈도

눈썹도 더 예쁘게 그려줘야지. 나뭇가지를 갈색으로 칠해 하얀 그리움을 달래 줘야지. 자작나무 판에 조각할 때, 자작나무 그리움을 불어 넣어줘야지. 아마 자작나무가 벌떡 일어나 나와 함께 춤을 추리라.

할머니표 아주까리 밥상

할머니는 아침에 일어나 머리카락 다듬는 일로 하루를 시작했다. 할머니 경대 위에는 거울 얼레빗 참빗 아주까리기름이 놓여 있었다. 경대는 할머니 재산 목록 1호이다. 할머니는 머리카락을 빗을 때, 먼저 얼레빗으로 빗고 이어서 참빗질했다.

머리를 촘촘하게 빗은 다음, 양손으로 머리카락을 따리 틀듯 틀어 올려 비녀를 꽂았다. 곱게 쪽진머리에 아주까리기름을 바르고 거울 쳐다본다. 보조개가 히쭉 웃는다.

초등학교 때 담임 선생님은 젊었다. 포마드 대신에 아주까리기름을 바른 선생님의 머리카락은 유달리 번들거렸다. 밖으로 나가기 전 선생님은 거울을 쳐다보고 자신의 모습에 흡족한 듯 중얼거린다. "됐어."

할머니가 어머니한테 "애미야, 오늘 점심에는 아주까리 잎 따다 쌈 싸 먹자."고 하시면 어머니는 으레 어린 나를 데리고 대문 밖 밭으로 나갔다. 아주까리 나무에 새로 난 보들보들한 잎만 딴다. 나는 엄마 꽁무니를 졸졸 따라가며 어머니가 넘겨주는 이파리를 소쿠리에 담는다.

느즈막에 그림쟁이가 된 내가 지금 그때 모습을 화폭에 그려본다. 우리 모자가 아주까리 잎 따는 장면을 그린다면 밀레의 「만종」보다 더 따뜻한 모습이었겠다. 이름하여 「아주까리 따는 오후」이다.

아주까리 큰 잎은 푹 삶아야 하지만 어린잎은 살짝 데쳐야 한다. 아주까리 이파리를 삶아 물기를 쪽 빼고 양념을 넣고 볶은 나물은 지금도 무척 좋아한다. “캬, 이 맛이야.”

작년 말 섣달그믐날 나의 출석 교회에서 서울 근교로 나들이 갔다. 점심 식사에 밑반찬으로 아주까리 이파리 무침이 나왔다. 나만 좋아하는 줄 알았더니 아니다. 비슷한 나이여서 그런가 보다. 서너 접시 더 먹었다.

나는 등산이나 트레킹하다 뜨락을 지날 때면 그냥 지나치지 않는다. 아주까리는 도시에서는 보기가 어려워도 들녘에서는 여기저기 쉽게 보인다. 그렇다. ‘알아야 보이고 본 만큼 안다.’

일행들은 아주까리를 보아도 그냥 지나치지만 나는 멈칫 서서 여린 것만 주섬주섬 딴다. 집으로 돌아와 삶아서 쌈으로 싸 먹는다. 아주까리 이파리는 누에가 나보다 더 좋아한다.

할머니 재산 목록 2호는 광이었다. 거기에는 그야말로 없는 것 빼고 다 있다. 내가 좋아하는 메추리알도 있다. 삶아달라고 할까 했는데 좀 이상했다. 메추리알보다 작다. 메추리알이 아니라 '아주까리씨'라고 한다. 아주까리씨는 메추리알 같기도 하고 얼룩무늬 풍뎅이 같기도 하여 친숙하게 보인다.

아주까리씨는 변변한 약이 없던 시절에 쓸모가 많은 약이다. 부어오른 종기나 상처 치료, 설사 멈춤 등에 유용하게 쓰인다. 씨를 짠 기름도 쓰임새가 많다. 등불용, 고급 비누 재료, 화장품 원료로 환영받는다.

할머니 등잔에는 아주까리기름 대신에 등유가 들어 있었다. 아주까리기름으로 불을 밝히면 끄름이 적다. 하지만 씨를 짤 기계가 없어 등유를 이용했다. 등유 등잔불을 켜면 벽장이나 코가 시커멓게 그은다.

할머니는 아주까리씨 속에 리신(lysine)이라는 독성 단백질 성분이 있어 많이 먹으면 위험하다는 것을 알았을까. 하기야 그 정도로 많이 먹지 못했을 테니 문제가 없었겠지. 씨에서 기름을 짜고 남은 찌꺼기는 비료로 쓰였다. 아주까리 이파리와 씨는 생활에 큰 보탬이 되었다.

가끔 아주까리 생각이 나서 동네 가게에 들러보아도 보이지 않는다. 오일장에 가야 눈에 뜨인다. 요즘 먹을거리가 풍족해서 아주까리를 찾는 손님이 없으니 내다 파는 장수도 없다. 하지만 시골 담장에는 갓 삶은 아주까리잎이 제법 널려 있다.

요즘 나는 높은 산에 오르는 등산 대신에 섬 여행을 하는 쪽으로 바꿨다. 섬에 가면 낮은 산도 오르고, 트레킹하기도 좋고,

무엇보다 아주까리를 자주 만날 수 있어서 좋다. 아주까리만이 아니다. 채송화, 맨드라미, 봉숭아, 고추잠자리, 매미, 메뚜기 같은 소년 시절 친구들을 만나서 더욱 좋다.

섬사람들은 예나 지금이나 한결같이 꾸밈이 없다. 삶이 나아져서 그렇겠지만 주변 환경이 그렇게 가르쳐 주고 있어서 그럴 것이다. 아주까리가 유달리 많은 섬에 내리면 아주까리에 파묻혀 갈 길을 잃는다. 내 어릴 적 할머니가 거기 있을 것 같아서 그렇다. 머리에 아주까리기름 바르고, 이파리로 쌈 싸 먹던 할머니가 거기 있어 보인다.

아주까리기름으로 머리 단장을 하던 할머니와 초등학교 그 담임 선생님 머리카락은 한 올 흐트러지지 않아 아주까리 꽃말답게 '단정한 사랑'을 풍기시던 분들이다. 흐뭇한 미소가 입가에 절로 나온다.

요즘 돌아가신 할머니 생각이 자주 난다. 내가 할머니와 함께 살 때 어머니와 할머니는 원수처럼 지냈다. 옛날 전통적인 고부지간 사이였다. 할머니가 갓 시집온 어머니 나이 스무 살 때 시집살이를 심히 시켰다고 한다. 할머니가 나빠서가 아니다. 그때는 그게 일상이었다.

어머니도 할 말이 많다. 목 편도선으로 고생할 때 할머니가 아픈 며느리 역성을 들어주기는커녕 지청구만 하였나 보다. 어머니는 그게 평생 한이 맺혔다. 사람이 약할 때는 일단 두둔하여야 한다. 조금 지나 자초지종을 꺼내면 모두 껄껄 웃고 넘긴다.

어머니가 그때 할머니 나이가 되고 내가 그때 어머니 나이가 되니 할머니 생각이 절로 난다. 할머니가 어머니와 말다툼하다가 "너도 금방이다. 이것아. 너도 며느리 맞이해 봐라. 내가 한 말이 다 맞을 것이니" 하며 껄껄껄 웃고 넘기시던 할머니이다.

배 아프다고 하면 원기소나 에비오제를 사다 드리면 다 나았다고 해맑게 웃으시던 할머니이다. 언제나 뒤끝이 없으시던 할머니는 우리들의 할머니였다.

며칠 전 야외로 바람 쐬러 나갔다가 아주까리를 보고 반가움에 이파리를 잔뜩 뜯어 왔다. 하늘나라에 계신 두 분이 생각나서다. 그날 저녁 밥상 메뉴는 할머니표 '아주까리 사랑' 밥상이 되었다.

아침에 아주까리기름 머리카락에 진하게 바르고 나서 며느리에게 "오늘 점심에는 아주까리 이파리로 쌈 싸 먹자" 하시던 그 시어머니가 오늘 저녁 밥상에서 며느리와 나란히 함께할 듯하다. 지난날 모든 허물 아주까리 잎으로 감싸듯이. 참 아름다워라.

팔방미인, 인왕산

어디서 보거나 외모가 빼어난 여성을 팔방미인이라고 부른 적이 있다. 하지만 지금은 외모뿐만 아니라 여러 방면에서 돋보이는 내적 능력을 갖춘 사람을 팔방미인이라고 부른다. 겉과 속이 꽉 찬 사람을 '팔방미인'이라고 칭송한다. 종종 한 가지 일에 정통하지 못하고 이것저것 조금씩 손대는 사람을 놀림조로 부르기도 한다. 앞뒤 정황에 따라 칭찬과 놀림으로 뒤바뀐다.

중국 역사에 임금이 나라를 팽개칠 정도로 빼어난 미모를 가진 네 명의 여인이 있었다. 그중 꽃도 부러워할 정도로 아름다웠다는 양귀비는 춤도 잘 추고 총명하였다. 벨기에 출신 영국의 전설적인 인물인 오드리 햅번(Audrey Hepburn)은 미국 대중문화계에서 그랜드 슬램(에미상, 그래미상, 오스카상, 토니상: EGOT)을 수상할 만큼 만인의 여성이었다. 긍정적인 의미의 팔방미인이다. 하지만 1950년대 할리우드를 상징하는 마릴린 먼로(Marilyn Monroe)는 백

치미 대명사로 남는다. 부정적인 의미의 팔방미인이다.

팔방미인은 사람에게만 적용되는 말이 아니다. 자연에도 팔방미인이라고 부를 수 있는 미인이 있다. 외모로 보이는 모습이 빼어날 뿐만 아니라 속살이 야무져 팔방미인이라고 부를 수 있는 산이 있다. 서울 인왕산이다.

인왕산은 산세가 남다르다. 멀리서 보면 호랑이가 엎드려 있는 것 같다. 조선 후기 화가 정선이 동쪽에서 바라본 인왕산을 그린 「인왕제색도(仁王霽色図)」는 그의 대표작이다. 불교에서는 인왕(仁王)은 금강산을 뜻한다.

인왕산은 외모 못지않게 속으로 간직한 품위가 남다르다. 외모가 멋지니 사연도 많다. 인왕산에는 사연을 담은 바위들이 많다. 부암동에서 오를 때 차례로 만나는 바위들이 제법 많다. 기차바위, 삿갓바위, 치마바위, 병풍바위, 범바위, 부처바위, 모자바위, 선바위, 너럭바위, 해골바위 등이 있다.

기차바위는 통바위가 기차처럼 길게 펼쳐져 있다. 기차바위를 지나 정상에 있는 바위가 삿갓 모양을 한 삿갓바위이다. 또한 바위가 치마를 널어놓은 듯하다 하여 붙여진 애절한 사연이 있는 치마바위가 있다.

조선 중종(진성대군)의 첫 왕비(단경왕후)가 중종반정 공신들의 모략으로 폐서인이 되어 인왕산 자락으로 쫓겨났다. 중종은 정쟁에 휘말려 쫓겨난 조강지처를 잊지 못해 경회루에서 왕비가 있는 인왕산을 바라보곤 했다. 이를 알게 된 왕비는 쫓겨날 때 입었던 다홍 비단 치마를 넓은 바위에 널어놓아 그리움을 전했다. 치마바위 바로 위에 병풍바위가 있어 치마바위가 유달리 눈에 띈다.

호랑이 닮은 범바위, 왼쪽 군부대 앞에 손으로 밀면 굴러떨어질 듯 아슬아슬하게 서 있는 부처 모양의 부처바위, 모자를 쓴 듯하면서도 엄마와 아이인듯한 모습을 보이는 모자바위, 그리고 선바위가 있다.

선바위는 강원도 영월에 있는 명승지 '선돌'처럼 높은 산이면 흔히 있는 '서 있는 바위'의 선바위가 아니다. 스님이 장삼을 입고 있는 형상이어서 참선하는 바위라는 선바위[禅岩]이다. 자식이 없는 자가 이 바위에 공을 들이면 효험이 크다 하여 기자암(祈子岩)이라고도 한다.

선바위 뒤에 있는 의자 모양을 한 거대한 너럭바위가 있고, 그 위에 해골처럼 눈이 푹 파인 해골바위가 있다. 해골바위는 풍화작용으로 벌집처럼 많은 구멍이 생긴 암석(타포니)이다. 타포니는 흔히 역암에서 발견되는 데 인왕산의 해골바위는 화강암인데 타포니가 생겨 더 신기하다.

인왕산의 뒷모습을 보기 위해 뒷산(안산)에 올랐다. 독립문역 근처에는 독립 관련 문화재들이 잘 보존되어 있어 역사 공부하면서 정상(봉수대)에 오른다. 봉수대에 오르면 북한산 봉우리, 북악산, 인왕산, 아차산, 남산, 인천까지 보인다.

인왕산의 앞모습만 보아오다가 뒷모습을 보니 새로운 면모를 보여준다. 멀리 있는 산들을 호령하는 듯하기도 하고 산등성이의 실루엣이 마치 동해 바다 물결이 몰려오는 듯하다. 안산과 인왕산은 하늘다리로 손잡고 있는 생태통로이다.

서울에는 높고 낮은 산이 마흔두 개가 있다. 저마다 제모습이 최고라고 손짓하고 있다. 여태까지는 산은 '그 산이 그 산이라'고 가벼이 여긴 내가 몹시 미안하다. 산마다 가지고 있는 특색이 있다. 앞만 보고 전체를 판단하는 누를 저지르지 말아야겠다. 겉만 보고 속까지 대충 짐작하지도 말아야겠다. 겉과 속을 들여다보면 배울 것이 많다.

겉에서 풍기는 아름다움뿐만 아니라 속에서 풍기는 은은한 무게감을 지니고 있어야 팔방미인이라고 부른다. 인왕산은 팔방미인의 대표선수로 뽑힐 만하다. 진짜 미인은 보아도 또 보아도 싫증이 나지 않는다. 장미꽃은 순간은 아름답지만 금방 시큰둥해진다. 들꽃은 아무리 보아도 언제 보아도 귀엽고 아름답고 천진난만하다.

조선 중종이 바라본 게 조강지처가 사는 인왕산인지 아니면 그냥 멋진 인왕산을 바라본 것인지는 그에게 물어봐야만 알 수 있을 것 같다. 인왕산은 예나 지금이나 뭇사람이 착각을 일으키게 할 만큼 빼어난 팔방미인이다. 겉과 속이 꽉 찬 팔방미인이 경복궁 옆에 있는 이유이다.

느림우체통에 부탁한 가을 편지(I)

어머니, 내일이 11월 11일이네요. 일일 달력을 미리 들춰 보니 우리 네 식구가 나란히 걸어가는 실루엣(1111)으로 보여요. 여기 빛바랜 흑백 사진 한 장이 끼어 있네요. 언제 누가 찍은 사진인지 모르겠어요. 뒷모습을 보니 문득 어머니 생각이 간절해 편지를 씁니다.

이 편지가 정확하게 언제 어머니께 도달할지 몰라요. 느림 우체통이라고 하니까요. 단풍 계절에 어울리는 붉은 옷을 입은 우체통 이마에 일 년 정도 걸린다고 쓰여 있네요. 미안한지 입을 크게 벌리고 있네요.

우리 네 식구가 따로따로 사니 밥상 위에 네 젓가락이 흩어져 있는 것처럼 보여요. 아버지는 요양원에, 어머니는 홀로, 형은 멀리 부산에, 저는 서울에 살고 있으니 말이에요.

요즘 제 또래들은 거의 고아이거든요. 근데 저는 두 분 모두 계시니 친구들로부터 부러움을 한껏 받아요. 아버지 98세, 어머니 95세, 형 74세이니 정말 백세시대가 왔나 봐요. 우리 네 식구 모두 특별히 아픈 데가 없으면 백 번째 생일잔치를 모두 할 수 있을 터이니 기대가 커요. 아버지, 어머니, 형, 나 차례로.

저도 고희를 넘겨 노인 취급받아요. 허리를 각별히 조심하고 있어요. 아버지는 제 허리 건강 선생님이에요. 아버지가 허리 수술만 하지 않았어도 지금 어머니와 함께 지내실 텐데 안타까워요. 젊었을 때 허리를 좀 더 신경 썼더라면 수술하지도 않았을 것이고 비싼 요양병원 신세도 피할 수 있었을 텐데요. 제가 지금 바른 자세를 갖추려고 애쓰는 이유랍니다.

어머니가 홀로 집에 계시다가 더 이상 버티기가 어려우시면 언제든지 아버지 계신 요양원에 들어가겠다고 약속하시어 고마워요. 어머니가 노인성 질환으로 여기저기 편치 않아 어머니를 모시고 병원에 쫓아다닌 게 얼마나 잘한 일인지 저도 스스로 칭찬하고 있어요. 지금은 어머니가 어디 아픈 데가 없으니까요. 어머니 모시고 병원 다니던 그 당시는 나이 먹어가는 저도 엄청나게 힘들었어요. 하지만 어머니가 걱정하실까 봐 내색하지 않았어요.

어머니는 매일 아침 일어나기 전에 누워서 팔다리운동을 무려 삼천 번이나 한다고 하니 그게 바로 장수비결이 되었네요. 물론 숨이 차서 십 미터도 못가 주저앉아야 하는데도 가능한 한 걸으려고 하시니 참 잘하시는 건강관리이에요. 노인용 수레에 의지하며 가까운 시장도 병원도 동사무소도 혼자 다니시니 제가 감사할 따름이랍니다.

제가 다행히 직장이 대전에 있었을 때 매주 화요일마다 두 분 모시고 식사하며 인사드린 것이 삼십오 년간이나 되었어요. 돌아가신 후에 제사상에 좋아하시던 보신탕, 생선회 올려 놓고 '아이고 아이고' 곡을 해 봐야 무슨 소용이 있으랴. 살아계실 때 한 번이라고 더 찾아뵙는 게 진정한 효도라고 여긴 것이 다행이에요.

아버지 정년 퇴임 때, 어머니는 할아버지가 일흔셋에 돌아가셨으니 네 아버지도 마찬가지일 거라고 스스로 단정 지으셨어요. 말하자면 살고 죽는 것이 유전이라는 듯이. 그래서 어머니는 아버지의 퇴직금을 일시불로 받으라고 강요하였고요. 연금으로 생활하다가 아버지가 돌아가시면 생명줄인 연금이 줄어든다는 것이 아깝다는 게 어머니의 논리였지요.

둘째 며느리가 아기 업고 서울에서 대전으로 내려와 두 분께 연금으로 받아야 하는 이유를 귀가 따갑게 아뢰었던 일 생각나세요? 73세가 아니라 83을 넘어 93을 사시면 더 큰 이익이 된다는 것을 이해시키는 데 오랜 시간이 걸렸어요. 제가 매달 용돈 드리지 않으려고 연금 받도록 하는 거냐고 오해도 하셨고요. 하지만 다행히 연금을 받고 계시니 제가 감사할 따름이에요.

아버지 연금은 오로지 두 분을 위해서만 쓰시라고 누누이 부탁드린 것 기억하세요? 자식에게 남겨줄 생각은 아예 마시고 오로지 두 분을 위해서만 쓰시라고요. 다행히 연금 일부를 저축하여 해마다 외국 여행 다녔으니 참 잘하신 일이에요. 제가 매달 용돈도 드리지 않고 여행 경비도 드리지 않아도 세계 곳곳을 원 없이 다닌 덕에 일시금 받은 동료들로부터 부러움도 받기도 했고요.

제가 최근에 어머니 틀니를 고쳐드린 게 최고의 효도였어요. 노인들은 먹는 게 시원치 않아 뱃가죽이 달라붙어 영양실조로 돌아가시는 일이 흔하다는 걸 알았기 때문이었어요. 한여름 매주 화요일마다 오십여 차례나 치과에 다니느라 어머니도 저도 참 고생했어요. 더듬거리는 발걸음에 목에 차오르는 거친 숨소리로 고생 많으셨지요. 그때마다 틀니 고치면 어머니 좋아하시는 갈비 뜯으러 가자고 하니 크게 웃었지요.

매년 찬바람이 나면 자가용 뒷자리에 모시고 홍성 남당리에 가서 대하도 구워 먹고, 새조개도 데쳐 먹던 추억이 새록새록 나네요. 차만 타면 하루 종일 다녔으면 좋겠다고 하셨으니 말입니다. 어머니는 역마살이 잔뜩 끼었잖아요. 하지만 지금은 인터넷으로 삶은 대게를 주문하여 집에서 드시게 하니 죄송하기도 하고 다행이기도 하네요.

이제부터는 매달 유성 장날마다 내려와 어머니가 좋아하시는 도다리 생선회, 소 천엽, 도토리묵 사다 함께 먹으니 참 좋아요. 어머니는 이제 위도 줄어들어 조금밖에 드시지 못하니 풀질 좋은 것으로만 골라 드릴게요. 나중에 제사상에 올려드릴 음식을 지금 미리 다 드릴게요.

비싸게 장만한 보청기도 팽개쳐 버려 누구와도 대화를 나누지 못하시는 어머니. 하루 종일 텔레비전을 친구 삼아 켜 놓고 계시는 어머니. 매일 아침 일어나자마자 아버지와 전화로 대화 나누는 게 하루 시작인 어머니. 매일 시도 때도 없이 수시로 둘째 아들에게 전화하는 어머니.

내가 전화하면 어머니 목에 걸친 전화기를 더듬거리다 전화기가 지쳐버려 저절로 끊어지기 일쑤였죠. 그래서 차라리 어머니가 아들에게 전화하라고 했으니 어머니 전화를 인내하며 받지 않을 수 없어요.

요즘은 인근 노인센터에서 매일 아침 차로 모셔가고 저녁에 집에 모셔다 주고 있으니 얼마나 다행인지 몰라요. 종일 적적할 틈이 없어 나에게 전화하는 횟수가 적어졌으니 다행이에요.

아들이 지금 무얼 하는 상관없이 그냥 심심하면 아들 하루의 안부를 수시로 묻고 있는 어머니. 내가 어머니 안부를 물어야 하는데 어머니가 아들 안부를 형국이 되었어요.

시나브로 대화를 길게 할 이야깃거리도 없어져 가고 조곤조곤 말하면 들리지도 않으니 전화 시간은 짧아 가고 있다. 마치 국제 전화하듯.

“아들이여? 그냥 혔어.”

“예, 잘하셨어요.”

“어여, 들어가. 목소리 들었으니 됐어.” “예.”

뚝. 뚜뚜뚜.

*어머니는 이 수필집이 발간되기 전인 올해(2023년) 6월 15일 하늘나라로 이사 가셨다.

느림우체통에 넣은 가을 편지(II)

아버지, 곧 11월 11일이 다가오네요. 일일 달력을 들춰 보니 우리 네 식구가 나란히 걸어가는 실루엣(1111)으로 보여요. 여기 빛바랜 흑백 사진 한 장이 있어요. 언제 누가 찍은 사진인지 모르겠지만 사진을 보니 문득 아버지가 생각나서 편지를 씁니다.

오래전 아버지가 우리 형제에게 일본으로 유학 가신 사연을 드라마처럼 들려주신 적이 있어요. 소설 읽어주시는 듯했어요. 그 흥미진진한 이야기를 기회 잡아 증손자들에게도 들려주셨으면 좋겠어요. 제가 아버지처럼 유학을 준비하였다가 끝내 실현하지 못한 게 못내 아쉬워요. 하지만 손자인 형석이가 미국에서 대학을 졸업했으니 다행이에요. 증손자들도 증조할아버지 따라 유학 가기를 바라거든요.

아버지는 주민등록상으로는 1927년생이지만 당시는 출생신고를 몇 년 후에 하는 게 일반적이어서 실제로는 1926년생이라면

서요. 그러니까 실제로는 올해 98세이네요.

아버지가 열 살 때인 1937년은 일제 강점기 시대잖아요. 그때 서천 시초에서 어떻게 홀로 일본으로 건너가실 궁리를 하셨어요? 시초는 벽촌이었잖아요. 해방되자마자 귀국하셔서 서울대학교 사범대학 교사양성소에 입학하셨다지요? 졸업과 동시에 중등학교 국어 교사 생활을 시작하였고요. 45년간 교직 생활을 마치시고 정년 퇴임하셨으니 참으로 대단하셨지요.

아버지는 중등학교 교사이므로 충청남도 도내에 있는 중학교나 고등학교로 발령을 받는 대로 순환 근무하셨지요. 제가 기억하기로는 맨 처음 부임한 한산중학교를 시작으로 대전여자중학교, 천안 복자여고, 금산 제원고등학교, 보령 수산고등학교, 대전고등학교, 그리고 마지막으로 금산고등학교에서 정년 퇴임하셨어요.

제가 대전고등학교 2학년 때 '6.25 기념 교내웅변대회'에 출전했어요. 그때 당당하게 제 실력으로 1등을 하였어요. 3학년 때 아버지가 고전 과목을 가르치셨으니 스승이기도 해요.

아버지가 금산으로 발령 난 후, 대전시가 대전광역시로 승격하면서 충청남도에서 분리되었지요. 많은 교사가 대전으로 발령받기 위해 나름대로 분주하였어요. 대전으로 일단 입성하기만 하면 정년 퇴임 때까지 대전 시내 중등학교에서 순환근무를 하게 되니까요.

그때 아버지의 말씀을 뚜렷하게 기억해요. "여태까지 쌓아 놓은 근무 점수로 보면 내가 당연히 대전으로 들어오게 된다"고 자신하셨어요. 그때 저는 신하가 임금님께 감히 아뢰듯 고언 드렸어요. “다른 선생님들은 지금 교육청에 열심히 인사하러 다닌다고 하니 아버지도 다녀오세요.” 이 고언을 기억하세요?

결국 아버지는 그냥 금산에서 정년 퇴임을 하고 말았지요. 전 그때 아버지가 너무 순수하고 고지식하다고 여겨 불만스러웠어요. 하지만 지금 생각하니 제가 아버지의 전철을 밟는 듯해요. 제 별명이 ‘FM 교수’이거든요. 있는 그대로, 원칙 그대로를 굳건히 지키고 있으니까요.

요즘은 원칙을 준수하는 자가 오히려 손해 보는 사회가 되었어요. 그래도 아랑곳하지 않고 그 원칙을 지키려고 애쓰고 있어요. 그게 정석이니 마음이 편하거든요. 저도 아버지 따라 정석을 생명처럼 여기고 있네요.

제가 삼성물산 근무하다 그만두고 교수의 길로 들어선 것도 교육자 아버지의 뒤를 따른 것이에요. 무역학을 가르치다가 정년 퇴임 직전 외국인을 위한 한국어 교원자격증을 획득하여 지금까지 외국인들에게 한국어를 가르치니 말이에요. 아버지는 한국인에게 국어를 가르치는 교원이시고, 저는 외국인에게 한국어를 가르치는 교원이니까요. 제 안에 숨어 있던 아버지의 DNA가 서서히 드러나는가 봐요. 아버지는 아버지의 뒤를 따르는 아들을 두었으니 자식 농사를 잘하신 거 아닌가요?

삼십 년 전쯤 되는 1993년에 대전에서 세계박람회가 열렸지요. 그때 아버지는 그 박람회 자원봉사자로 선발되어 훈민정음

부스에서 하얀 모시 저고리 차림으로 세종대왕 집현전 학사 역할을 재현하였지요. 아내가 유리창 너머로 보이는 시아버지의 멋진 모습을 보고 감격하여 눈물을 흘리기도 했어요.

퇴임 전에 아버지를 모시고 제가 태어나고 자란 한산을 가 보자고 해서 함께 다녀온 적이 있어요. 기억나세요? 초등학교 3학년 2학기 때 아버지가 한산중학교에서 대전여중으로 영전하셔서 저도 대전으로 유학을 시작하였어요. 그 영전을 기반으로 해서 오늘의 제가 존재한다고 봐요. 그래서 제 생가를 함께 가 보자고 한 것이었어요.

수묵산수와 목판화 화가, 시인과 수필로 등단한 제가 요즘은 유명한 수필가의 꿈을 꾸며 소재를 찾아다니기에 바빠요. 그래서 얼마 전에 저 혼자 일박 이일로 한산을 다녀왔어요. 도롱뇽 보러 갔던 건지산에도 올라가 보고, 고개에 있던 교회도 가 보았어요. 지현리 복현네 집은 그대로 있었지만 호암리 집은 헐리고 공원으로 변했더라구요.

대전여중에 근무하실 때, 젊은 미국 부부 교사가 부임했지요. 아버지는 한국어를 가르치고, 그들은 아버지에게 영어를 가르쳐 주었지요. 아버지는 그 부부와 우리 형제를 데리고 소풍도 갔었어요. 그 부부는 평화봉사단으로 왔다고 했어요. 모두 우리 두 형제에게 생활영어를 접하게 하려는 큰 뜻이었지요.

대사동에서 살 때 아버지와 자주 목욕탕에 갔어요. 당시 동네 목욕탕이 한 군데밖에 없었어요. 겨울에 목욕탕에 가면 맨 나중에 뜨거운 물로 마무리를 하였어요. 지금은 제가 뜨거운 물을 좋아하는 나이가 되었어요.

하지만 그때 어린 시절에는 참기 어려웠어요. 아버지는 겨울이라서 감기 걸릴까 봐 몸을 따뜻하게 하려고 뜨거운 물 속에서 백 번을 세고 나가자고 하셨어요. 어린 마음에 저는 숫자를 빨리 세느라 숨이 넘어갔지요. 지금도 저는 사우나에 들어가면 백 번을 세고 나와요.

지금 아버지는 저와 함께한 목욕탕이 아니라 요양병원이라는 뜨거운 물에 혼자 꼼짝없이 갇혔으니 정말로 안타까워요. 거기에 가시기 전에 좀 더 많은 시간을 가졌더라면 하는 아쉬움이 남아요.

어머니가 홀로 집에 계시어 노심초사 걱정이시겠지만 제가 유성 장날마다 찾아뵈어요. 전화는 수시로 하니 염려하지 않으셔도 되고요. 아픈 곳도 모두 치료하고 최근에는 틀니까지 다 새로 갈았으니 걱정 마세요.

제가 아버지를 자주 찾아뵙지 못하니 마음이 편치 않아요. 코로나19 탓으로만 돌리기에는 너무 궁색해요. 창문 면회라도 자주 하는 게 좋겠다고 다짐해 봐도 실행이 쉽지 않네요. 아버지와 자주 전화하고 싶지만 잘 연결이 되지 않고요.

아버지 생신날인 11월 8일(음력 10월 4일)은 서울에서 수필 발표하는 날이라 오늘 뵈러 왔어요. 창문 면회라 마음이 오히려 더 아파요. 얼른 대면 면회의 날이 오기만 기다려요.

아버지 존경합니다. 제 아내가 제일 존경하는 우리나라의 어른이 시아버지라고 입버릇처럼 말해요. 제가 아버지 뒤를 이을 만한 교육자인지 반문해 봐요. 아버지의 뒤를 따라가려니 숨이 벅차요. 그래도 아버지를 따라가려고 열심히 노력하고 있어요. 아버지 사랑합니다.

*아버지는 이 수필집이 발간되기 전인 올해(2023년) 9월 10일 어머니가 먼저 가 계신 하늘나라로 이사 가셨다.

큰손녀

우리 윤씨 집안에 최초로 왼손잡이가 출현했다. 큰손녀이다. 수동 킥보드도 왼발로 탄다. 며느리도 왼손잡이이다. 아들과 작은손녀는 오른손잡이이다. 우리나라 전체 인구 중 7~10%가 왼손잡이라고 한다. 우리 집안에 앞으로 왼손잡이가 더 나올 확률이 높아졌다.

오른손잡이인 나는 고등학교 때부터 왼손을 배려하려고 애썼다. 책가방을 들거나 물건을 들 때, 왼쪽 팔에도 관심을 보이려고 신경 썼다. 자주 사용하지 않는 왼쪽 팔이 서운해할 것 같아서다.

왜, 사람은 양손 골고루 사용하지 않고 오른손을 주로 사용하게 되었을까? 사람과 유사한 침팬지나 원숭이도 왼손잡이가 있을까? 왼쪽 오른쪽 손과 발을 자유롭게 사용한다면 능률이 두 배로 늘어날 텐데.

오른손잡이인 내가 왼손을 자주 사용하려고 애쓰듯이 왼손잡이들도 그럴 것이다. 공장에서는 물건을 만들 때 왼손, 오른손잡이를 염두에 두지 않는다. 하지만 골프클럽처럼 왼손잡이를 위해 별도로 만드는 경우도 있다. 왼손잡이들은 오른손잡이 사회에서 지내려면 조금 불편할 것 같다.

우리 가족이 한 식탁에서 식사할 때 내가 며느리 좌측에 앉으면 손끼리 서로 부딪히기 쉬워 내가 우측에 앉든지 마주 보고 앉아야 한다. 오른손잡이인 내가 왼손잡이 손녀가 크레파스를 왼손으로 쥐고 그림을 그리는 걸 보면 영 마뜩잖다. 큰손녀도 내가 오른손으로 그림을 그리는 걸 보면 그렇게 보이려나. 양손, 양발을 맘대로 사용하면 얼마나 좋을까. 그런데 양발을 맘대로 사용하는 사람이 있다. 유럽 프로축구계에서 활약하는 손흥민 선수이다.

손흥민 선수가 왼발, 오른발을 자유자재로 드리블하며 상대편 골문을 향하여 돌진하면 상대 팀 선수들은 얼이 빠진다. 어느 발로 공을 컨트롤할 지 가늠하기가 어렵다. 손 선수가 공을 몰고 상대편 골문으로 달려가면 골키퍼는 겁부터 먹는다. 도무지 어느 발로 슈팅할지 예측하기가 어려워서 그럴 것이다.

축구에서 상대편 골문 앞에서 골을 넣는 공격수를 포워드 혹은 스트라이커라고 한다. 왼발잡이는 오른쪽 포지션(RS)에서 슈팅하고, 오른발잡이는 왼쪽 포지션(LS)에서 슈팅한다. 그런데 손 선수는 좌측, 우측을 종횡무진으로 상대편 선수를 따돌리고 슈팅한다. 골키퍼는 속수무책이다.

손흥민 선수가 유럽 프로축구 무대에서 정상을 달리는 것은 자유자재의 양발 때문만이 아니다. 자기 편 선수가 센터링할 공의 위치를 정확하게 볼 수 있는 예측력, 짧은 순간에 공간을 확보하는 순발력, 골문 앞에서 정확하게 슈팅을 할 수 있는 골 결정력, 상대 팀 선수보다 한 발 더 빠른 속력, 팀을 우선시하는 팀워크 정신, 동료 선수들로부터 받는 굳건한 믿음, 급할수록 차분해지는 성격, 무리하게 슈팅하지 않고 자기보다 더 좋은 위치에 있는 선수에게 볼을 패스하는 어시스트, 골을 넣었을 때 어시스트해 준 동료에게 감사하는 마음, 상대방의 방어 태세를 꿰뚫는 바짓가랑이 슈팅 등이 버무려져 있다.

다른 선수들은 이러한 능력을 한두 가지만 가졌을 뿐이지만 손 선수는 몽땅 가지고 있다. 정상을 달리기에 조금도 부족함이 없다.

또한, 미국 메이저리그 야구계에서 정상을 달리는 류현진 선수도 왼쪽 투수이다. 류 선수가 메이저에서 존재감을 드러내는 것은 다양한 분야에서의 탁월성 덕분이다. 상대 타자의 장단점을 꿰뚫어 헛스윙을 유도하는 제구력, 예리한 투구 배합 능력, 아쉽게 볼넷으로 타자를 퍼스트 베이스로 내보냈어도 다음 선수를 내야땅볼로 유도하여 더블 아웃 시키는 위기 대처 능력, 만루 위기에도 도망가는 피칭이 아니라 빠른 직구로 스트라이크 아웃을 시키는 정면 돌파 능력 등으로 최고의 선수로 인정받는다.

우리 가문에 혜성처럼 나타난 왼손잡이 손녀는 어떤 인물로 자랄까? 왼손잡이 손녀가 저 선수들처럼 큰 인물로 성장하는 데에는 엄마로부터 물려받은 신체조건 이외에 할아버지의 역할도 있어야 하리라.

큰손녀가 세 살 때, 엄마 방귀 소리를 듣고 "엄마, 똥" 하며 손가락을 화장실 쪽으로 가리켰다. 세상에 태어나 살기 시작한 지 두 해밖에 되지 않았는데 '방귀가 잦으면 똥 싸기 쉽다'는 의학적 사실을 어떻게 알았을까? 엄마 아빠로부터 경험적으로 알았겠지만 그래도 예사롭지 않다.

두 손녀가 그림을 그리는 할아버지 집에 오면 으레 손잡고 화실 놀이터로 들어간다. 나는 스케치북에 그림을 마음대로 그리도록 크레용, 색연필을 잔뜩 내놓는다. 말하자면 할아버지와 두 손녀가 함께하는 사생대회이다. 큰손녀는 밝은 주황색을 좋아하고 작은손녀는 옅은 보라색을 좋아한다.

어제는 큰손녀가 찍었다는 사진 한 장이 날아왔다. 소파에 앉아 있는 제 가족사진이다. 구도가 제법 맞았다. 사진이나 그림은 구도가 생명이다. 요즘 아이들이 휴대폰을 조작할 줄 아는 것은 예삿일이 되었다. 하지만 구도를 맞추는 건 쉽지 않다.

내가 시청하는 텔레비전 스포츠 프로그램은 손흥민 선수의 유럽 프로축구와 류현진 선수가 활약하는 미국 메이저리그 프로야구이다. 양발로 뛰는 손흥민 선수, 왼손잡이 유현진 선수를 바라보며 늘 왼손잡이 큰손녀를 생각한다.

저 선수들처럼 최고의 자리에 오르도록 할아버지 매니저가 되어야겠다고 다짐해 본다. 그림을 함께 그리며 꾸준히 소통하면서 손녀의 꿈이 실현되도록 도와주어야지. 왼손잡이 큰손녀, 윤지안은 어떤 꿈을 꾸고 있을까. 할아비의 꿈이 더 큰 게 아닌가.

벼룩시장

겨울이 지나면 봄이 오는데 춘분이 지나도 겨울은 떠날 줄 모른다. 겨울과 봄이 경계선에서 서로 밀고 당긴다. 나라 안에서는 지는 해와 뜨는 해가 힘겨루기를 하고 있어 민생들은 스산하다. 서산 너머로 곧 지고 말 해가 낮달이 떴는데도 미련인 듯 허공에서 서성인다.

나라 안팎이 어수선하지만 "봄꽃이 지기 전에 청와대를 국민에게 개방하겠다"고 하는 대통령 당선자의 말에, 움츠렸던 국민의 마음이 봄꽃처럼 부풀어 오른다. 그런데 꽃망울이 곧 터질 듯 한껏 뽐내는 아파트 한쪽 구석에서는 눈살 찌푸릴 일이 일어난다. 봄 몸살 걱정이 시작한다.

봄이면 도지는 우리나라 '봄 병'이다. 멀쩡한 물건들이 봄만 되면 너 나 할 것 없이 경쟁적으로 쓰레기장에 떠밀려 나온다. 그동안 주인에게 바친 헌신이 헌신짝처럼 마구 내동댕이쳐진다.

그것들이 재활용센터로 떠밀려 와도 찾는 이들이 그냥 돌아간다. 결국 버려진 물건들은 이렇게 호흡을 멈추고 만다.

미국 캘리포니아주 산호세에서 일 년 동안 살았다. 미국은 땅이 넓어 고층 아파트에서 살 필요가 없다. 기껏해야 이삼 층이다. 단층 앞마당은 늘 초록빛을 발한다. 우리네 같으면 텃밭 삼아 채소를 가꾸겠지만 그들은 잔디를 키운다. 봄이면 사용하지 않는 물건을 깨끗이 빨아 자기네 잔디밭이나 차고 앞에서 벼룩시장을 연다.

큰길 옆에 A4용지나 폐지에 손글씨로 쓴 'Yard Sale', 'Garage Sale'이 지나가는 사람에게 벼룩시장이 열리고 있음을 알린다. 1달러, 3달러, 최고 비싸야 10달러이다. 옆집끼리 서로 바꾸기도 한다. 돈을 벌기 위해서가 아니다. 부자국가 미국에서 봄마다 풍기는 봄 내음이다.

내가 귀국할 때 사용하던 물건을 아는 분들에게 넘기고 남은 것은 벼룩시장에 내놓으려 했으나 아파트 주인이 하지 말라고 해 인터넷상에서 했다. 심지어 수저까지 다 주었다. 미국 사람들은 국민소득 오만 달러나 되어도 근검과 절약이 몸에 배어 있다.

아프리카 카메룬 수도 야운데에 있는 벼룩시장을 찾아간 적이 있다. 못사는 나라가 버릴 물건이 뭐가 있다고 벼룩시장에 내다 파나 싶어 궁금하기 짝이 없었다. 그런데 세상에나, 난지도 쓰레기 매립장 같았다. 가죽 물건은 유럽에서 쫓겨 온 것이고, 옷가지는 우리나라가 버린 것이다.

벼룩시장 구석에서 재봉틀로 간단히 수리하여 판다. 나도 유럽에서 떠밀려 온 소가죽 카메라 가방을 오천 원에 샀다. 새 주인이 되어 멈췄던 호흡을 되살리고, 카메룬 경제에도 기여하고 싶어서이다. 그런데 희한하게도 거기 벼룩시장에는 벼룩이 보이질 않았다. 벼룩도 저와 비슷한 색깔의 골동품이 아니라서 외면했나?

벼룩은 전 세계에 약 1,500여 종이 있다. 한 번에 뛰는 높이가 최대 20cm이고, 거리는 35cm이다. 페스트나 발진열을 일으킨다. 듣기만 해도 께름칙한 벌레이다. 하지만 벼룩시장은 이러한 벼룩을 파는 시장이 아니다. 벼룩은 벼룩시장에 나온 중고물품 속에 꼽사리로 숨어 있다. 벼룩시장에 나오는 물품들이 대개 암갈색이어서 벼룩들이 숨기에 좋다고 한다.

벼룩이 들끓을 정도로 오래된 물건을 파는 시장이라는 뜻에서 따왔을 뿐이다. 나는 벼룩이 주위 환경이 지저분했던 우리나라에만 있는 줄 알았다. 그런데 아니다. 이 단어가 처음 생긴 곳은 생각 밖으로 프랑스이다. 마르세 오 푸세(Marche au Puces). 영어로는 플리 마켓(Flea Market)이다. 서양 사람들은 벼룩을 뽀세 혹은 플리로 표현한다. 벼룩보다 예쁘게 들린다.

옛날에 프랑스 골목에서 장사를 하려면 일정한 자리를 할당받아야 했다. 할당받은 이들은 '정규 상인'이다. 이와는 달리 단속을 피해 불법으로 장사하는 무허가 상인이 있었다. 이들이 단속을 피해 사라졌다가 다시 나타나는 모습이 마치 벼룩과 같다고 하여 벼룩시장이라는 이름을 얻었다. 우리네 시장에서도 이러한 모습이 있었으나 벼룩은 없었다.

그림을 그리는 나는 사진기가 필요하다. 여행지에서 눈으로 확인하고 스케치하고 사진으로 남기기 때문이다. 몇 대의 사진기 중에는 소련이 남기고 간 마지막 예술품이 있다. 러시아 모스크바 벼룩시장에서 백 달러를 주고 산 사진기이다. 장총처럼 어깨에 메는 형식이다. 필름이 없어 사용하지 못하지만 골동품 가치로는 백 달러를 훨씬 넘는다.

벼룩시장에 나오는 중고품은 오래되고 낡아서 버려진 물건이 아니다. 본래 주인에게는 더 이상 필요하지 않아 새 주인을 찾아가는 물건이다. 벼룩시장은 온갖 중고품을 사고파는 만물 시장이다.

요즘 벼룩시장은 세계 어디를 가더라도 여행객들에게는 볼거리다. 벼룩시장은 근검절약, 자원 재활용의 상징으로 자리매김했다. 삶의 지혜가 드러나는 아름다운 곳이다.

우리나라는 점점 봄과 가을이 짧아지고 있다. 하지만 봄은 새로운 시작이어서 생동감이 넘친다. 이 생동하는 봄에 헌 물건들이 새 사람들에게 다가가 새로운 물건이 되면 얼마나 좋을까. 내게는 필요 없어도 누군가에게는 귀한 것이 될 수 있다.

내가 네팔 산꼭대기 초등학교에 선교하러 갈 때 가방에 내 옷 대신에 교회에서 모아준 헌 어린이옷을 잔뜩 꾸려간 적이 있다. 그 학교 교장 선생님이 고맙다는 뜻으로 감사장을 손수 써 주었다.

캄보디아 교회에서 선교할 때 목사님이 한국 옷이 든 상자를 여러 개 사 가지고 왔다. 목사님은 교회 마당에서 벼룩시장을 열었다. 별별 것 다 들어 있다. 심지어 플래카드도 들어 있다.

다시 봄이 왔다. 헌 옷 수거함에 함부로 옷 버리지 말고, 쓸 만한 것만 모아 보내자. 그곳 사람들이 벼룩시장을 찾을 때 자존심이 상하지 않아야 한다. 그들도 고귀한 사람이다. 꽃이 화사하게 피어나는 4월은 우리도 더욱 화사하고 따듯하게 피어났으면 좋겠다.

3

할머니의 만병통치약

그림기도

우리는 답답하면 기도하고 덜 답답하면 기도를 게을리한다. 바로 앞에 보이는 것만 보려는 '단시안주의', 자기 이익만 생각하려는 '이기주의', 자기만 바라보려는 '자기중심주의' 경향이 마음속에 깔려 있다. 그래서 기도는 사람의 속내를 알아보는 좋은 도구가 된다.

"기도해 보셨나요?" "아니요. 기도가 밥 먹여 줍니까? 도대체 말여. 기도는 뭔느므 기도여." 얼떨결에 인도자의 손길에 이끌려 교회 문턱을 들어선 지 한 달도 채 안 된 한 남자가 화가 난 듯 투덜댄다. 내 선교지 방글라데시에서 이러한 투정을 들으면 어떻게 해야 할까?

배가 고프면 정신이 집중되지 않아 기도가 잘 안 된다. 이럴 때 나는 기도자가 얼마나 간절하게 기도하는지를 보고 넌지시 산타클로스가 되어본다. 무슬림이 90%가 넘는 데다가 최빈국인 방글라데시는 먹을거리 제공이 우선적인 선교 활동이 될 수밖에 없다. 같은 하나님(The God)이지만 배고픔을 해결해 주지 못하는 저들의 하나님과 기도 응답을 주시는 우리의 하나님은 본질부터 다르다는 것을 보여 주어야 한다.

이러한 방글라데시에서 선교사로 활동하다 일시 귀국하였다. 처음 갈 때는 적어도 3년, 가능하면 5년간을 다짐했으나 현지에 가 보니 어려운 점이 한두 가지가 아니었다.

우리나라 1950~60년대 삶의 수준은 지금의 방글라데시와 비슷했다. 나는 소년 시절을 마른 소나무 가지로 아궁이에 불을 지피는 시골에서 살았다. 이러한 어렸을 때의 경험이 지금의 방글라데시에서 그런대로 견딜 수 있는 저력이 되고 있다. 하지만 아내는 서울에서 나고 자라 방글라데시의 생활이 견디기 어려웠던 듯하다. 1년 동안 함께 지내준 것만 해도 감사하게 여기고 일단 귀국하였다.

하나님은 나를 그냥 놔두지 않았다. 금방 새로운 선교지를 연결해 주셨다. 중국에서 한국어를 가르치는 자리였다. 한국어 가르치는 사역은 나의 선교 수단이다. 한국어를 가르쳐서 성경을 읽게 하려는 것이다.

교회에서는 방글라데시를 선교지로 파송했다. 하지만 담임 목사님과 상의하여 중국에서 일시적으로 선교 활동하기로 하였다. 중국 하남성 신샹(新鄕)에 있는 하남사범대학교 부속 고등학교 국제부 한국어 반에서 한국으로 유학 갈 학생들을 가르치는 사역이었다.

이 학교는 한국어능력시험(TOPIK)이 4급 이상이고, 전 학년 성적이 우수하면 한국의 유수한 대학들이 특별 전형으로 합격시킨다는 협정을 맺고 있다. 이에 나는 한국 측 교수 대표로 초청받았다.

함께 간 아내는 한 달 만에 귀국하였다. 학교에서 아내가 담당할 사역이 없어서다. 대신 종종 방문하기로 하였다. 나와 아내의 비행기 표를 초청자가 제공하기로 하였다. 아내가 옆에 있어야 내가 학생들을 가르치는 데 집중할 수 있다는 특별 배려이었을 것이다.

방글라데시에서 귀국한 이후 중국 비자를 받는 데 많은 시간이 걸렸다. '취업 비자'이라서 그렇단다. 나는 이 짬을 놓치지 않았다. 중국은 산수화의 본고장이니 머무는 동안 산수화를 확실하게 배워와야겠다고 마음먹었다. 우리 동네 미술학원에서 데생, 연필화, 색연필화, 수채화 등 미술 기초를 속성으로 배웠다.

중국 생활 한 달이 되니 주변 여건에 어느 정도 익숙해졌다. 한국에서 배운 것을 기초로 하여 숙소에서 산수화를 그리기 시작하였다. 텔레비전에서 중국 유명 화가가 출연하여 산수화 그리는 장면을 보여주었다. 통제하고 감시하는 사회주의 사회라서 텔레비전은 녹화 방영이 대부분이었고, 그것도 하루에 서너 번씩 반복적으로 방영했다. 그림 초보자인데다가 중국어도 모르는 나에게는 반복 방영이 큰 도움이 되었다.

학교는 일주일에 나흘 출근하였다. 일요일에는 교회에 예배드리러 가야 하는데 교회가 없었다. 베이징이나 상하이 같은 대도시에는 한인교회가 있지만 신샹은 한국인이 적었기 때문이다.

번화가에서 좀 떨어진 곳에 십자가 표시가 있어서 찾아갔다. 건물 입구에 성경책도 진열해 놓았고 내부는 영락없는 우리 교회였다. 아무도 없다. 벽에 붙어 있는 중국어 게시물을 보니 뜻을 완전히 이해할 수 없었다. 하지만 한자와 그림으로 어렴풋하게 짐작할 수가 있었다.

건물은 교회인데 내실은 교회가 아니었다. 중국이 종교의 자유를 보장하는 사회임을 보여주기 위해 과시적으로 세운 교회 건물이었다. 교회 정황을 알고 나니 오히려 후련했다. 내가 가야 할 길의 방향을 정할 수 있었기 때문이다.

숙소에서 성경책을 펴놓고, 찬송가를 부르고, 묵상하고 기도하였다. 조용하지만 하나님이 함께하신 어엿한 교회이다. 설교도, 찬양도, 기도도 혼자 하는 1인 교회이다. 이른바 지하교회이다.

기도는 하나님과의 대화 시간이다. 새벽에 산에서 기도하면 '산상기도'요, 골방에서 혼자 기도하면 '다락방기도'이듯이, 그림을 그리면서 기도하니 '그림기도'인 것이다.

나는 '하나님은 내 기도를 잘 들어 주신다'고 확신한다. 내가 바라는 응답 시기와 하나님의 응답 시기는 다르더라도 언젠가는 들어주심을 믿고 기도한다. 기도는 내가 하지만 들어주는 것은 하나님이다.

나는 '때를 기다리라'는 하나님의 말씀을 철석같이 믿는다. 그 때가 언제 올지는 모른다. 하지만 '나도 모르게 오는 경우가 많다'는 것을 알게 된 지는 그리 오래되지 않았다. 모두가 하나님 덕분이라고 믿을 때 모든 기도는 이루어진다고 믿게 된다.

기도의 결과가 언제, 어떻게 오느냐를 알아차리는 것이 중요하다. 내 마음에 드는 기도 결과는 하나님 덕택이요, 부족한 것은 내 기도가 덜 간절하였다는 것이니 더 절절하게 기도하게 된다.

내 모든 그림에는 기도 대상이 있다. 그림을 그냥 그리지 않는다. 반드시 기도 대상을 두고 그린다. 어떤 그림 위에 얼룩이 있는 것은 눈물이거나 콧물 자국이다. '옥의 티'가 아니라 '영광의 흔적'이다.

간절한 기도를 필요로 하는 분들이 내게 기도를 부탁하기도 한다. 기도는 본인이 하는 것이고, 나의 기도는 기도자의 기도를 받아달라는 청탁기도이다. 김영란법에 저촉되지 않는다. 나는 기도를 부탁한 자에게 스스로의 기도가 중요함을 강조한 후 나도 그분을 위해서 기도하기 시작한다. 하나님은 왜 기도를 게을리하지 말라고 강조하실까?

기도하는 자가 '기도자'이다. 기도자가 하나님을 향해 절실하게 기도하면 하나님이 먼저 그 기도에 감동한다. 하나님은 그 감동(힘)을 주위 사람들의 마음에 불어넣는다. 흙으로 사람을 빚고 하나님의 생기를 불어넣어 주듯이. 그 힘(생기)을 받은 누군가가 천사가 되어 슬며시 찾아온다. 그게 바로 '기도 응답'이다.

결국 기도자가 얼마나 하나님 말씀을 믿고 기도하느냐에 달려 있다. 믿음이 제일 중요한 것이다. 믿음이 말씀이 되고 말씀에 생기가 들어 천사가 찾아오는 것이다. '하나님을 감동시키는 기도'가 중요하다.

교회 문턱을 밟은 지 얼마 되지 않은 그 남자가 기도의 위력을 스스로 느끼려면 주위 사람들이 먼저 감동해야 한다. 이것을 위해서 교회는 신입교인을 몇 주간 훈련한다. 그리고 소속 구역 식구들과 함께 신앙생활을 하기 시작한다. 서서히 기도 응답이 들려오도록 도와준다. 하나님의 감동을 느낄 때까지.

내 '그림기도'가 얼마나 많은 이에게 전도가 되고 선교가 되는지는 하나님만 아실 것이다. 지금까지 그린 내 그림을 다가오는 십이월 초에 전시하려고 한다. 개인전을 열어 내게 선교비를 마련해 준 천사들에게 감사의 마음으로 선물로 주려는 것이다.

"천사들이여, 마음에 드는 그림을 발견하면 마음대로 가져가세요. 아멘."

아내와의 동거, 3박 4일

평생을 동침하고 있는 아내와 집 밖에서 짧은 동거를 했다. 동거하는 동안 결혼 후 40여 년보다 많은 이야기를 나누었다. 동거 장소는 세브란스병원 정형외과 입원실이다.

교육공무원이었던 나는 정년 퇴임한 다음 날, 내가 출석하던 교회에서 방글라데시 선교사로 파송 받았다. 아내와 함께 일 년을 보냈다. 결혼한 이후 집을 떠나 외국에서 장기간 지낸 것은 세 번이 있다. 처음은 일본에서 육 개월, 두 번째는 미국에서 일 년, 그리고 방글라데시에서 일 년이다. 방글라데시 이후 나는 중국에서 일 년을 보냈다. 아내는 중국에서 한달 만에 귀국했다. 우리의 모든 외국 생활은 동거 수준이었다.

동거 기간 살림살이가 빈약했다. 살림을 새로 장만하여 길들일 만하면 귀국할 때가 되어 아깝다고 여겨 대충 살았다. 처녀와 총각이 자기들의 결혼에 반대하는 부모에 반항하여 방 한 칸 얻어

지내는 그 모습 그대로였다. 이번 병원에서의 3박 4일은 더 심각한 수준의 동거였다.

아내는 벌레, 개구리, 뱀을 끔찍하게도 싫어한다. 이보다 더 싫어하는 게 있다. 병원에 가는 것이다. 아내는 태어날 때 건강하게 태어났다고 자랑하였다. “자기 건강은 자기가 지켜야 한다”고 귀가 따갑게 강조해도 ‘소귀에 경 읽기’였다.

몸속에서 일어나는 병은 정도가 깊어져야 증상이 나타나기 일쑤여서 사람들은 두려워한다. 평소 병원에서 진찰을 받았더라면 쉽게 해결할 병도 늦으면 깊어진다. 아내도 자궁을 들어낼 수밖에 없었다. 억지로 몸에 칼을 대니 몸에 이상이 생기기 시작하였다.

그 이후 아내는 부엌 과민 반응(노이로제)에 걸렸다. 본인이 해놓은 그대로가 아니면 정신을 잃을 정도이다. 그렇게 삼십 년을 지내다가 부엌 노이로제에서 탈피할 해법을 찾았다. 어차피 언젠가는 들어갈 곳이라면서 좀 일찍 들어가 터전을 잡겠다고 혼자 실버타운으로 들어갔다. 거기는 밥도 하지 않고 청소도 하지 않는다. 잘 놀기만 하면 된다.

시인, 수필가, 수묵산수화가, 목판화가로 활동하는 나는 아내와 따로 산다. 나는 아직 밥하고, 청소할 기운이 있다. 나도 혼자 지낼 기운이 떨어지면 아내 있는 곳에 들어갈 것이다. 우리는 두 자녀를 두었다. 손주도 넷이 있다. 총 10명 가족이다. 생일 때면 온 가족이 다 만난다. 거의 매달 만나는 꼴이니 바쁘다.

아내는 실버타운 문화센터에서 영어, 골프, 뜨개질 등을 배운다. 영어를 배우는 목적은 외국 여행 때 활용하기 위해서란다. 코로나-19가 풀리면 떠날 여행지는 준비해 놓았다. 골프는 우리 식구들이 함께 운동할 날을 기다리며 배우고 있다. 뜨개질은 실버타운 방 안에서 지낼 때 시간을 활용하기에 좋은 여가생활이란다. 날 좋은 날이면 단지 내 잔디밭에서 햇볕을 쬔다. 그날 잔디밭에서 일이 터졌다.

청명한 가을, 날이 좋아 햇볕을 쬐러 잔디밭을 거닐다가 발을 헛디뎌 넘어진 것이다. 다행히 주변에 돌은 없었지만 넘어지는 소리가 제법 컸다고 한다. 시큰거리는 다리를 질질 끌고 간신히 방에 들어오니 발목이 부어올랐다.

동네 정형외과 병원에 가니 수술해야 한다고 했다. 몸에 칼 대는 일을 끔찍하게도 싫어하는 아내는 다 죽어가는 소리만 했다. 평소 잘 아는 정형외과 의사에게 X-ray 사진을 보내 봐도 수술이 불가피하다고 했다. 만일 수술을 피할 수 없다면 종합병원으로 가야 한다.

다행히 며칠 후 잘 아는 그 의사와 협력병원 관계를 맺은 종합병원에서 수술을 하였다. 3박 4일 만에 퇴원하였다. 아내 실버타운과 가까운 곳에 수술 이후에 치료할 병원도 소개받았다.

새 의사는 한 달 동안은 꼼짝하지 말라고 하였다. 휠체어 신세를 지고 있다. 적어도 여섯 달은 지나야 원상 복귀가 가능하다고 한다. 2023년 3월이다. 그때 정부도 코로나19를 종료한다고 한다.

외국 여행을 별러왔으나 코로나19로 꺼림직해 하던 터라 오히려 다행이다. 세상일이 내 마음대로 되는 것은 아니다. 하지만 마음 먹기에 따라 세상은 '나를 위해서 존재하는가 보다'라고 긍정적으로 여기게 된다.

꽃 피는 내년 3월, 전 세계가 마스크 벗는 봄, 아내가 외국 여행 1순위로 올려놓은 남미종단 여행을 갈 수 있기를 나는 기대한다.

아내와의 오랜만의 동거 3박 4일, 우리는 만리장성을 쌓았다. 비좁고, 불편한 병실이었지만 우리 부부는 오랜만에 행복한 꿈을 꾸었다.

안나푸르나 베이스캠프(ABC)

우리 부부의 결혼 전 데이트 장소는 산이었다. 산을 오르면 성격을 알 수 있다. 그 산행은 결혼 후에도 계속되었다. 두 아이가 태어나도 멈추지 않았다. 아이들은 세 살 때부터 산에 데리고 다녔다. 다섯 살부터는 배낭에다 “자기가 먹을 물은 자기가 지고 가라”고 가르쳤다. 장성하여 허벅지가 꿀벅지가 되었다.

내가 정년 퇴임 직후 방글라데시 선교사로 파송 받았을 때 아내도 함께 갔다. 서울에서 태어나고 자란 아내는 편하고 깨끗한 곳만 찾아다니는 ‘우먼’이라 시골 출신인 나와는 대조적이었다. 그런 아내가 드디어 최빈국 방글라데시 거주 석 달 만에 엄청난 요구 하나를 꺼냈다.

가까이에 히말라야가 있으니 올라가자는 것이다. 마치 동네 앞산 오르자는 말 같았다. 아내는 나보다 폐활량이 더 좋다. 숨 차는 걸 보지 못했다. 마라톤도 풀 코스를 거뜬히 해낸다. 하지만 마라톤 20km도 겨우 완주하는 나에게는 가혹한 주문이었다. 어쩌나. 난감할 뿐이었다.

하지만 실낱같은 희망이 있기는 있었다. 정년 퇴임 얼마 전 네팔 수도 카트만두에서 개최되었던 국제학술대회에 아내와 함께 참가한 적이 있다. 그때 귀국하기 전 2박 3일 일정으로 히말라야 오스트레일리아 캠프를 다녀왔다. 호주 학생들이 여름방학 때 이용하는 캠프이다.

나는 그때 교회에서 꾸려준 어린이옷이 든 선교 옷상자를 끌고 산동네 초등학교에 전달했다. 교장 선생님 방의 깨진 뒷창문 너머 멀리 히말라야 봉우리가 보였다. 사진으로만 보던 히말라야를 현실로 본 것이다. 아내가 그때 히말라야를 오르는 큰 꿈을 꾸었나 보다. 우리는 '나마스떼'로 합장 인사를 하고 산동네를 떠나 그 호주 캠프로 향했다. 짧았지만 멋진 트레킹 코스였다.

그 생각을 떠올리며 며칠을 고심하다가 아내의 소원을 들어주기로 마음먹었다. 방글라데시에서 출발하면 한국에서 가는 것보다 비행기 요금을 절약할 수 있는 장점도 있었다. 다행히 네팔 호주 캠프에 갈 때 알아둔 카트만두 한국 여행사가 있어 편리하게 진행되었다.

일반인에게 입산이 허용된 히말라야 트레킹코스 중에는 안나푸르나 베이스캠프(ABC)가 널리 알려져 있다. 거기 도착하기 바로 직전에 마차푸차레 베이스캠프(MBC)도 거쳐 가기 때문에 일석이조이었다.

ABC를 가려면 카트만두에서 포카라로 이동해야 한다. 여덟 시간 걸리는 시외버스도 있으나 우리는 한 시간 만에 도착하는 경비행기를 이용하기로 했다. 과거에 추락 사고 난 적이 있어 불안하기는 했다.

포카라에 가면 한국식당이 몇 군데 있다. 그중 젊은 한국 부부가 운영하는 식당이 있다. 그들도 포카라 여행 중에 만나 눌러앉았다고 한다. 한국인들에게 널리 알려진 '다람쥐'라는 이름의 식당이다.

이 다람쥐 식당은 두 번째 방문이다. 지난 호주 캠프 갈 때 마당에서 모닥불을 피우고 구들장에다 돼지고기를 구워 먹었던 곳이다. 그때, 내가 아내에게 넌지시 건넨 멘트가 있다.

"여보, 나 정년 퇴임 후에 뭐 하지?" 아내는 딱히 할 말이 없었는지 모닥불 쏘시개만 뒤적거렸다. 나도 노릇노릇 익어가는 삼겹살을 뒤집으며 슬며시 말을 이었다. "나 퇴임 후에 선교사로 파송 받아 나갈래." 아내는 말이 없었다. 짐작했다는 뜻인가. 놀랄 줄 알았는데. 무언은 승낙이려니 하고 나도 불쏘시개 뒤적이며 분위기를 바꾼 적이 있다.

드디어 다음날 우리는 포카라에서 택시로 나야폴(1,030m)로 향했다. 나야폴은 ABC 트레킹 시작점이다. 우리는 ABC로 직행하는 코스 대신에 푼힐을 거쳐 돌아가는 노정을 택했다. 푼힐은 한국 직장인들이 3박 4일 일정으로 자주 오르는 봉우리이다. 거기서 안나푸르나 봉우리가 훤히 보인다.

우리는 호주 캠프의 경험이 있어서 그런지 무난히 잘 적응해 오를 수 있었다. 나야폴에서 시작하여 재미있는 이름을 가진 산골 마을들을 거쳐 올라갔다. 드디어 마차푸차레(MBC)를 지나고 ABC(4,130m)에 도착했다. 6박 7일 만이다. 장엄한 백발의 안나푸르나 봉우리에 넋을 잃었다.

ABC 베이스까지 가는데 많은 마을을 거쳐 간다. 등에 아기 업고 밭매는 아낙네도 보았다. 어찌나 정겹던지 지금도 눈에 선하다. 염소 당나귀들이 아무 걱정 없는 듯 밭에서 풀을 뜯는다. 천진난만한 아이들이 놀이터에서 노는 것 같다.

안나푸르나 베이스캠프에서는 하루만 묵고 하산하기 시작했다. 서운했지만, 안나푸르나 남봉(7,210m) 안나푸르나 최고봉(8,091m)을 실컷 만끽하고 뒤돌아섰다. 눈빛처럼 찬란한 만년설을 눈에 담고 또 담았다.

내려오는 길은 촘롱에서 톨가를 거쳐 포타나에 도착하는 단거리 코스를 택했다. 여러 마을을 거쳤다. 산은 어디든지 오르는 길은 볼 것도 많고 신기하기도 해 천천히 오른다. 내려오는 길은 이미 경험한 것이어서 좀 빠르게 내려간다.

하지만 톨가에서 포타나까지 자동차로 하산하는 산길은 매우 아슬아슬하였다. 위험한 곳도 여러 번 지났다. 차라리 걷는 게 낫겠다 싶을 정도였다. 포타나에 도착하니 또 다른 자동차가 대기해 있었다. 포타나에서 포카라까지는 가는 길이 홀가분하고 신이 났다. 마치 방학이 되어 하숙집을 떠나 엄마가 기다리는 집으로 가는 길 같았다.

드디어 포카라에 무사히 도착하였다. 우리를 안내하던 가이드도 포터도 쉬게 하고 우리는 가야 할 곳이 있어 서둘러 시내로 나왔다. ABC 트레킹 하러 가기 전에 봐둔 또 다른 한국인 식당으로 직행한 것이다. ABC에서 돌아오면 무사 산행 기념으로 삼계탕을 먹겠다고 미리 주문하였던 곳이다.

한국인 식당 주인은 선교사라고 하였다. 속으로 교감이 오갔다. 그는 닭을 잡으러 마을에 다녀오기 전에 우리를 인근의 마사지 가게로 안내하였다. 제법 비쌌다. 하지만 아내가 피로가 많이 풀린 것 같다고 하니 나도 덩달아 피로가 풀리는 듯하였다.

삼계탕 맛은 일품이었다. 꿈에 그리던 ABC를 무사히 다녀왔으니 무슨 음식인들 맛이 없으랴. 게다가 뜰에 놔먹인 닭을 금방 잡아 온 것이라 신선하기도 했겠고. 우리 부부는 묵언 수행하듯 아무 말도 하지 않고 순식간에 정신없이 바닥을 닥닥 긁었다. 겸연쩍었던지 서로 바라보며 피식 웃었다.

소화 시킬 겸 해서 가까운 거리에 있는 아름다운 '페와 호수'로 향했다. 조각배를 타고 조그만 유원지 섬으로 건너갔다. 많은 포카라 시민들이 비둘기에게 모이 주며 상쾌한 오후를 즐기고 있었다. 오리 배를 타고 데이트하는 젊은이들도 많았다. 내가 아내와 산에서 데이트하던 시절이 떠올랐다. 옆에 있는 동굴을 찾아갔다. 아주 깊숙한 곳에 실낱같이 가느다란 폭포가 흘렀다.

포카라에서도 안나푸르나 봉우리가 아스라이 보인다. 우리가 저기 저 산을 다녀왔다는 말인가.

ABC 오르는 길가에서 풀 뜯던 염소, 산장 손님들 먹을거리를 실어 나르려 힘겹게 오르던 조랑말들, 아기 업고 밭고랑 매던 아낙네들, 졸졸졸 흐르던 히말라야 계곡물, 길섶에서 방긋방긋 고사리손 흔들던 이름 모를 아기 야생화들, 낮에는 파란 바다 밤에는 은하수로 꽃밭을 장식하던 새까만 하늘, 주룩주룩 산장 양철지붕을 두드리던 빗소리. 눈으로 덮인 봉우리가 할머니 족두리같이 포근하게 다가오던 안나푸르나 봉우리.

안나푸르나 베이스캠프는 내 생애 최고의 순간으로 남을 것이다. 나는 천상의 낙원을 다녀왔다. 다음에는 내친김에 에베레스트 베이스캠프(EBC)도 도전해 봐야지. 거기는 어떤 낙원일까.

다락방 수의

어느 날 어머니가 뜬금없이 '골방에 수의가 없다'고 다급하게 전화했다. 있어야 할 '수의' 상자가 보이지 않는다는 것이다. 어머니는 지금 혼자 지낸다. 눈도 한쪽은 거의 실명 상태이다. 찾아오는 사람도 없다. 가져갈 사람도 없다. 어머니로서는 귀신이 곡할 노릇이다.

그런데 왜 부산에서 사는 큰아들에게 확인하지 않고 서울에서 사는 작은아들에게 묻는 것인가! 아마 유력한 혐의자라고 여겼을 거다. 내가 자주 들르기도 하고 한때는 어머니 방이 지저분하다고 많이 버렸기 때문이다.

"걱정 마세요. 내려가서 찾아볼게요." "언제 오나?" 어머니는 다그친다. 대단히 중요한 물건이 보이지 않으니 가슴이 덜컥 내려앉았기 때문이리라. 내가 아무리 바빠도 혐의에서 벗어나려면 속히 해결해야 했다. 다음날 그 민원을 해결해 드렸다. 어머니는 방긋 웃으신다. 이게 효도이리라.

십여 년 전까지만 해도 어머니 집에 내 방이 있었다. 그때 옥상에 물이 새어 확인하러 올라간 적이 있다. 옥상으로 올라가려면 다락방을 거쳐야 하는 구조였다.

다락방에 들어가 보니 상자들이 꽉 차 있었다. 뭔 상자가 이리도 많은지. 겉에 명찰을 붙이지 않아도 어르신은 다 안다. 나도 주워들은 게 있어서 어렴풋이 알고 있었다. 그런데 낯선 상자 두 개가 떡하니 가운데 자리를 차지하고 있었다. 다락방에서 내려와 여쭈어보려고 열어보지는 않았다. 두 분을 위한 '수의'란다.

시신을 씻긴 뒤 입히는 옷을 수의라고 한다. 수의 재료는 모시와 삼베이다. 모시와 삼이라는 식물 껍질 안쪽에 있는 인피섬유에서 실을 뽑아 짠다. 수분을 잘 흡수하여 곧 배출하기도 한다. 게다가 자외선을 빈틈없이 차단하고, 곰팡이를 억제하는 항균성과 항독성도 들어 있다. 이러한 좋은 특성이 있어서 수의에 활용한다.

수의 값은 생산량도 적고 손으로 만든 제품이기 때문에 비싸다. 모시는 내 고향 서천 한산이 유명하다. 하지만 삼베는 한산보다 안동이 더 유명하다.

어머니는 오래전에 당신 두 분의 수의를 장만했다. 나의 할아버지는 칠십을 갓 넘어 돌아가셨다. 어머니는 종가 맏며느리로서 수의를 좋은 것으로 미리 준비하지 못해 죄송하게 여겼다. 어머니는 시아버지가 돌아가시자 곧바로 당신 두 분의 수의를 미리 장만했다. 어머니도 그랬듯이 당신 며느리에게 수의를 기대하는 것이 무리라고 여겼을 것이다.

사람은 태어나자마자 옷을 입는다. 갓난아이에게 입히는 옷을 배내옷이라고 한다. 성장하면서 다양한 옷을 입기 시작한다. 동물은 털이 있어서 옷이 필요하지 않으나 사람은 옷을 입는다. 심지어 죽어도 옷을 입는다.

윤달(윤년)에 수의를 마련해 두면 집안 어른이 무병장수하고 자손도 번창한다고 믿어 왔다. 나이 드신 분이 스스로 수의를 지어 오면 자식에게 향하는 깊은 뜻은 고맙다. 하지만 자손들은 마음이 찡하기 마련이다.

영정 사진도 미리 찍어두면 오래 산다는 속설도 있다. 아마도 실제 돌아가셨을 때 수의나 사진이 없으면 당황하기 때문에 미리 준비해두라는 생활 지혜일 것이다.

어머니가 손수 장만해 놓은 수의를 잃었다 되찾아 잠깐이나마 가슴을 쓸어내린 마음을 이해할 것 같다. 어머니는 집에 두 분 사진과 수의가 마련되어 있으니 마음이 편하시겠다. 자식이 오래 사시라는 깊은 뜻으로 수의를 미리 장만하는 것은 공연한 오해를 불러일으키기가 십상이다. 어머니는 당신 스스로가 장만했으니 정말 오래 사실 것 같았다.

하지만 이 글을 쓰는 동안 어머니가 장만해 놓은 수의를 드디어 사용하고야 말았다. 어머니는 얼마 전 6월 15일 95세로 하늘나라에 가셨다. 98세 아버지는 어머니가 미리 손수 준비한 수의와 영정 사진 덕을 입는가 했더니 석 달 후 9월 10일 하늘나라로 가셨다.

어머니 수의 덕에 두 분 다 아프지 않으시지 않고 평안히 가셨다. 어머니의 지혜를 뼈가 저릴 만큼 경험한다.

할머니의 만병통치약

"자, 신기한 만병통치약 왔어요. 만병통치약."

시골 장날이면 어김없이 들리던 목소리이다. 손수레가 넘어질 듯 잔뜩 싣고 허스키한 목소리로 부르짖던 약장수는 한 곳에 자리 잡지 않고 구석구석을 돌아다니며 외쳤다.

변변한 병원도 없고, 입에서 입으로 전해지는 경험 요법에 기대던 게 최선이던 시절. 갖은 병을 치료한다니 아픈 사람들은 귀가 쫑긋할 수밖에 없다. 한 가지 약으로 모든 병을 치료할 수 있다는 것이 썩 믿기지는 않지만 솔깃할 수밖에 없고, 부작용 따위도 생각할 겨를이 없다.

얼마 전까지 라듐, 수은, 아편 등이 만병통치약이라고 널리 알려져 있었다. 하지만 체험해보니 별로 신통치 않다는 소문이 나돌자 슬그머니 사라졌다. 그런데 요즘 다시 만병통치약이 뭇사람의 입에 오르내린다. 게르마늄, 고로쇠, 녹용, 산삼, 영지버섯, 웅

담, 죽염, 해구신 등이다. 호랑이 연고 같은 것도 여전히 사랑받고 있다.

예로부터 지금까지 변함없이 전해지는 진짜 만병통치약이 있다. 사랑을 듬뿍 받고 있음을 확신하면 모든 게 해결된다는 '사랑약'. 큰 소리로 웃으면 속 깊은 곳에 쌓였던 스트레스가 싹 달아난다는 '웃음약'. '잘될 거야, 난 믿어' 하는 '긍정약'. 이 신구약(新舊藥)들은 정말 신기하게도 만병을 고친다. 일정한 거리를 매일 걷는 습관도 '걷기약'이라는 만병통치약이다.

그런데, 나의 만병통치약은 일 년 내내 마시는 '육각 냉수'이다. 따뜻한 물보다 좋은 보약은 아직 없다는데 나는 차가운 육각수만 마시고 있다. 물은 육각수일 때 가장 맛이 있다.

또한 나는 날마다 팔천 보 이상을 걸으려고 애쓴다. 정년 퇴임한 이후는 자가용을 없애고 걸어 다닌다. 주말이면 산으로 들로 섬으로 여행 다닌다. 이때에는 보통 이만 보 이상 걷는다.

나는 부모님의 식성을 고스란히 이어받아 마늘과 고추가 결석 한 번 하지 않고 밥상 위에 출석한다. 평생 개근상이다. 부모님이 과일을 좋아하지 않아 자연스럽게 나도 과일에 손이 선뜻 가지 않는다. 그런데 고추 한 개에 귤 세 개의 비타민이 들어 있다고 한다. 날[生] 마늘을 즐기는 식성도 다행이다. 암이나 노화 방지, 간 기능 강화, 당뇨병 등 예방에 효험이 있다고 한다. '마늘 고추약'의 효험을 톡톡히 누리며 지낸다.

코로나19 시대에 백신을 맞고 기분이 언짢거나 으스스하면 타

이레놀 한 알로 해결한다. 아기가 뭔가 못마땅하여 칭얼댈 때 어부바해 주면 금방 스르르 잠든다. '이 약을 먹으면 낫는다.' '이번 수술이 끝나면 말끔히 낫는다.' 같은 믿음이 바로 만병통치약이 되었다. 만병통치약은 믿음이라는 '정신적 약'이 결합될 때 제대로 효험을 얻는다.

옛날 할머니 손은 약손이었다. 배가 아프면 아랫목 따뜻한 자리에 눕히고 할머니의 따스한 손으로 아픈 배를 빙빙 쓰다듬으며 주문 외듯 기도한다. "내 손이 약손이다. 할미 손이 약손이다. 우리 아기 아픈 배 싹 씻어주렴." 아기는 어느새 곤히 잠이 든다.

한약에서는 배, 특히 아랫배는 언제나 따뜻해야 한다고 강조한다. 그래서 마음이 늘 따뜻한 할머니가 믿음의 손으로 배를 만지며 마찰을 하니 배가 따뜻해져 속 내장이 정상적으로 되돌아가는 것이다.

돌아가신 나의 할머니는 배가 아파도 병원에 가자고 하면 으레 손사래를 쳤다. 동네 약국에서 소화제를 사다 드리면 할머니는 금방 나았다고 천진하게 웃으며 담뱃대를 물었다. 할머니는 무슨 약이든 먹으면 낫는다는 확실한 믿음이 있었다.

그 후 할머니가 배가 아프다고 하여 원기소, 에비오제를 드려보았다. 원기소는 1960~70년대 어린이들이 먹던 비타민 영양제이다. 원기소 다음으로 에비오제가 나왔다. 할머니의 만병통치약은 원기소였다.

할머니는 손자들이 먹던 그 원기소를 먹고 싶으면 배가 아프다고 하셨다. 할머니는 장수하셨다. 강한 믿음, 쾌활한 성격이 할머니를 도운 것 같다. 할머니의 그 만병통치약을 나에게도 큰 재산으로 넘겨주고 가셨다. 할머니의 커다란 너털웃음, 별 스트레스받지 않는 성격이 만병통치약이었다. 배가 아픈 것도 아닌데 오늘따라 할머니가 그립다.

주워 모은 시간들

아들은 누나가 대학입학 시험 준비로 여념이 없을 때, 종이학을 접어 항아리에 담았다. 천 마리이다. “누나, 이거 받아.” 누나는 무난히 합격하였다.

딸은 20년이 지난 지금도 그 천 마리 학이 든 항아리를 가보로 소장하고 있다. 그 항아리의 학들이 아버지인 나의 두 번째 시집으로 부활하여 숨신다.

나의 세 번째 시집은 코로나19로 사람들이 잃어버린 시간을 주섬주섬 모아 일군 소출이다. 집콕이니 방콕이니 하는 출처 불명의 신조어들이 쏟아져 나왔다. 뭇사람들은 지난번 몇 차례 경험으로 봐서 조금 지나면 곧 나아질 것으로 여겼다. 그런데 몇 달이 지나도 나아가기는커녕 갈수록 심해졌다.

사회적 동물인 사람보고 2미터 이상 떨어져 지내라는 것이다. 만나지도 말고, 악수도 하지 말고, 말도 하지 말라고 엄포를 놓았다. 시내는 통행금지 시절이 되돌아온 것 같았다. 하루하루가 살얼음을 딛는 듯했다. 방콕 하라고 하니 하는 수 없이 방구석에 있는 날이 길어졌다. 텔레비전을 자주 볼 수밖에 없었다.

당시 나는 자비량 선교사로 방글라데시에서 활동하다가 비자 만기가 되어 일시 귀국한 상태였다. 선교지를 일시적으로 바꿔 중국에서 활동하다가 일 년 만에 귀국했다. 다시 원래의 선교지 방글라데시로 돌아가기 위해 취업 비자를 준비하려는데 이러한 일이 터진 것이다. 잘못했으면 일시 선교지에서 감금될 뻔했다. 하나님은 선교사인 나를 이렇게 보호하고 계시니 내가 그분을 따르지 않을 수 없지 않은가.

내가 제일 좋아하는 단어는 '배려'이다. 성경 공부 십 년을 통하여 얻은 결과물이다. 내가 나중에 알게 된 단어는 '통찰'이다. 나도 모르는 사이 내 안에는 '통찰의 능력'이 쌓여갔다.

성경 내용을 중심으로 하여 많이 보고 듣고 읽은 것이 내 안에 차곡차곡 쌓인 것으로 믿는다. 세계 40개국을 돌아보며 많은 경험을 쌓고, 많은 책을 읽은 것이 사물을 꿰뚫어 보는 능력이 생기는 데 도움이 되었다.

내가 출간한 전문 서적 중에 『진인사득천명』이 있다. 이 책에 내가 경험한 통찰의 결과들이 소개되어 있다. '하늘은 스스로 노력하는 자의 손을 들어준다'는 것을 한자어로 나타낸 것이 '盡人事得天命'이다.

물리, 화학, 생물이 모든 학문의 기초이다. 노벨이 이 세 분야와 경제학, 의학을 지명한 이유가 여기 있다. 기초가 튼튼하면 어떠한 변수가 나타나더라도 능히 풀어낼 수 있다.

경험보다 더 좋은 선생님은 없다고 한다. 아무리 많이 들어도 한 번 보는 이만 못하다. 많이 보고, 많이 듣고, 많이 연습하면 통찰력이 쌓인다.

운(運)은 어쩌다 나에게 올 수 있다. 그러나 그 운도 열심히 노력하는 자에게 다가온다. 운이 수십 번씩이나 올 수 있다면 '노력'이니 '최선'이니 하는 단어가 생기지 않았을 것이다.

사람은 완벽하지 못하다. 하지만 신(神)은 절대자이다. 사람이 절대자가 될 수은 없으나 근접할 수는 있다. 신이 도와줘야 가능하다. 이것이 진인사득천명이다.

코로나19로 힘들어하거나 불평만 할 게 아니다. 순간 판단 능력을 길러야 한다. 어떻게? 꾸준한 연마가 정답이다. 나도 사람들이 코로나19로 힘들어할 때, 앞으로의 정황을 꿰뚫어 진상을 파악하려고 노력하였다. 나도 코로나 관련 책을 많이 읽고 전문가의 말도 많이 들었다.

그리고 펜을 들었다. 나는 선교지로 나갈 수 있는 기간을 삼년 잡았다. 나는 내년(2024년) 가을쯤 문학 분야에서는 네다섯 번째 시집을 출간하고 세, 네 번째 수필집을 세상에 내놓고 싶다. 예술 분야에서는 올해(2023년) 한국미술협회 정회원이 되었으니, 내년에 초대작가가 되는 게 최종 목표이다. 지금 그 목표를 향해 뚜벅뚜벅 길을 걷고 있다.

사람들은 지난 세월을 자꾸 뒤돌아보면서 잃어버린 시간이 아깝다고 아쉬워한다. 하지만 나는 그들이 잃어버렸다는 시간을 하나하나 주워 항아리에 담았다. 나에게는 하루가 24시간만 있는 게 아니다. 내 시간에다 남의 시간도 들어 있다.

모두가 생각하기 나름이다. 여름에 덥다고 손부채질해 봐야 내 손만 아프다. 여름이니까 더운 것이라고 여기면 견딜 만하다. 겨울에 춥다고 손 아무리 호호 불어도 시린 건 여전하다. 겨울이니까 추운 것이라고 넘기면 추위도 넘어간다.

코로나19 탓해 봐야 소용없다. 백신을 개발한다고 해서 뿌리째 뽑히는 건 아니다. 내 몸을 단련하는 일이 현명하다. 코로나19가 서서히 물러서고 있다고 방심하면 안 된다. 코로나도 사람처럼 생명체이다. 사람들이 잡아 죽이려고 해도 물러서지 않을 것이다. 근본을 해결해야 포기하고 떠날 것이다.

시간은 냉철하다. 나를 마냥 기다려주지 않는다. 제시간 대로 흐를 뿐이다. 그 흐르는 시간을 내 편으로 삼아야 한다. 남이 흘린 시간을 내 것으로 만들 수 있다면 더욱 좋다. 이런 지혜를 성경에서 배운다.

성경 속에서 많은 보물을 찾는다. 『진인사 득천명』이 곳곳에서 보인다. 남들이 버려 길바닥에서 나뒹구는 '시간'을 줍는 지혜가 쌓이고 쌓인다.

본디 그 시간은 내 것이 아니다. 이제 주워 모아 이룬 결실을 다시 그 주인들에게 돌려주고 싶다. 주워 모아 기른 시집 『마라

나타』와 수필집 『이분이 그분인가』를 드리고 싶다. "코로나19로 시간을 잃어버린 분들, 이리 오셔서 그 시간을 찾아가세요."

꼰대

우리말에는 대개 '어원'이 있다. 말이 생긴 근원이다. 감탄사 '섬마섬마'도 그중에 하나이다. 아기는 첫돌이 다가오면 스스로 걸으려고 용쓴다. 이때 어른들은 아기가 홀로 서게 도와준다. 붙들었던 손을 떼면서 '섬마섬마' 하고 응원한다. 아기는 저도 대견한 듯 씽긋씽긋 웃는다. 자신이 생기면 또 하려고 애쓴다. '섬마섬마'(立立)는 다리(足)의 어원으로 '선다선다'를 뜻한다.

'섬마섬마'의 돌이 지나면 아이는 부쩍부쩍 자란다. 운동량이 많아지기 때문이다. 이웃은 아이를 간만에 보면 '뻥튀기 했냐'고 신기해 한다. 신체만 크는 게 아니다. 생각도 큰다.

요즘 한 세대는 30년이 아니라 10년인 듯하다. 열 살 정도만 되면 부모가 자녀를 가르치면서 애를 먹는다. 부자간에 세대 차이가 벌어진다.

우리 세대가 아버지를 조선 시대 사람으로, 할아버지를 고려 시대 사람으로 여긴 것은 그냥 생각이 차이가 나는 '옛날 사람' 정도였다. 어른 앞에서는 담배를 절대 피울 수 없고, 술을 마실 때는 고개를 뒤로 돌려야 했다. 조상 제사 때는 예외 없이 참여해야 했다. 어른들은 유교 사상이 몸에 밴 권위주의적 시대 사람이어서다.

여자가 속살을 드러내놓거나 들여다보이는 옷을 입고 다니는 걸 보면 세상이 망하는 줄 알았다. 게다가 옷을 일부러 갈기갈기 찢어 가랑이가 보이도록 다니는 걸 보면 체념한 듯 외면하고 만다.

젊은 여자가 또래 남자들하고 대낮에 아무 데서나 버젓이 담배를 핀다. 아무 데에서나 애정 표시해도 아무도 훈계하지 못한다. "노인네가 꼰대 짓 하는 거요?" 하면 망신이기 때문이다.

전통문화도 사라져가고 세대 차이도 심해져 가고 있어 씁쓸하다. 젊은이들은 '씁쓸하다'는 이 말 자체를 '꼰대 짓'이라고 치부할 것이다. 내가 보기에는 그런 생각 자체가 '꼰대 짓'인데 말이다.

꼰대의 어원을 찾을 수가 없으니 순수 우리말이 아닌 듯하다. '꼰대'는 은어이고, 속어이다. 다만 순수하고 구수하기까지 했던 '꼰대'가 지금은 '고리타분하다'는 뜻으로 '꼰대질'로 전락하고 말아 씁쓰름하다.

꼰대라는 말이 우리 세대를 더욱 혼란스럽게 하는 것은 중년 이상 남성의 이미지에 국한되지 않고 어느새 세대와 성별에 상관없이 쓰인다는 점이다. 꼰대는 노인, 기성세대, 선생의 이미지에서 벗어나 세대를 뛰어넘었다. 어찌 보면 다행이다. '젊은 꼰대'들이 등장했다. 이제는 '꼰대'라는 말은 '권위적이고 고루한' 이들을 통칭한다.

세대 차이가 삼십 년에서 십 년으로 줄어 세대 차이라기보다 '세대 간극'이라고 해야 할 것 같다. 젊은 세대 간에서 세대 차이가 있다. 이십 대는 삼십 대 이상이, 삼십 대는 사십 대 이상이 사고와 행태를 동조하지 않으면 '꼰대'로 보일 것이다. 정도가 심하면 꼰대질이라고 할 것이고.

나도 이제 꼰대 세대에서 벗어났으니 꼰대질만 하지 않으면 꼰대라는 소리는 듣지 않을 것이다. 생각의 기준을 나 자신에 두지 않으면 꼰대라는 소리는 듣지 않을 것이다.

내 생각과 다르다고 가르치려 하지 많아야 한다. 세상 변화에 둔감하지 않아야 한다. 따라갈 수 없다면 외면하면 된다. 자연인으로 돌아가든지. 목에 힘 빼고, 체념은 아니더라도 권위적이고 이기적이지 않으면 된다.

가장 좋은 방법은 유유상종일 것 같다. 같은 세대끼리 어울리면 대화거리도 무궁무진할 것이고 갈등도 없을 것이다. 그동안 이 핑계 저 핑계 대고 나가지 않았던 동창회에 더 잘 나가야겠다. 초등학교, 중학교, 고등학교 앨범 찾아 흑백사진 보면 꼰대들이 반갑게 보이겠다.

우리 세대의 꼰대 아버지가 살아계시니 찾아뵙기를 게을리하지 않아야겠다. 내 자녀들은 내가 꼰대로 보이지 않게 지갑 열고 따뜻한 말만 해야겠다.

나는 헤밍웨이로부터 무엇을 갈구하고 있나

헤밍웨이는 생활이 넉넉한 가정에서 자랐다. 하지만 성격이 전혀 다른 부모 탓에 불안한 나날을 보냈다. 부모는 끝내 헤어졌다. 감수성이 강한 시절이라 마음의 상처를 받았다. 그 상처가 일생에 두고두고 영향을 미쳤을 것이다.

헤밍웨이는 내성적인 어머니보다 행동적인 아버지를 더 따랐다. 아버지를 따라다니며 익힌 낚시와 사냥 경험은 나중에 그의 작품 세계에 큰 영향을 미쳤다. 고등학교 시절에는 풋볼, 수영, 권투, 음악, 사냥, 그리고 문학 활동으로 다양한 체험을 쌓았다.

이러한 경험으로 그는 고등학교 시절 학보사 편집장을 맡아 기사와 단편을 썼다. 대학교 진학을 포기하고 1917년 '캔자스시티 스타' 수습기자가 되었다. 이 체험도 먼 훗날 그의 작품 세계를 이루는 바탕이 되었다. 훌륭한 문학작품은 다양한 경험에서 나올 수 있다. 그래서 나도 '헤밍웨이 바라기'가 되려고 애쓴다.

그는 19살 때 1차 세계대전에서 적십자 야전병원 수송차 운전병으로 이탈리아 전선에서 복무하였다. 그 후 캐나다 '토론토 스타' 해외 특파원이 되어 유럽 각지를 돌며 그리스-터키 전쟁을 보도했다. 1921년 파리 특파원으로 활동하면서 유명 작가들과 교류하는 등 근대주의 작가들, 미술가들과도 어울리며 본격적으로 소설을 쓰기 시작했다.

마침내 1952년 『노인과 바다』를 발표하였다. 인간의 희망과 불굴의 정신을 풀어낸 이 작품으로 크게 찬사를 받았다. 헤밍웨이의 노쇠한 필력을 입방아 찧던 평론가와 독자들을 향하여 보란 듯이 날린 9회 말 만루 홈런이었다. 이 작품에 힘입어 1953년에 퓰리처상, 1954년에 노벨문학상을 수상하여 최고의 영예를 안았다.

헤밍웨이는 확고한 '문학계 전설'로 자리 잡았다. 백발에 턱수염을 기른 그의 외모는 신화 속의 예언자를 연상시켰다. '파파'는 그의 건장한 외모와 넉넉한 미소로 얻은 대중적 애칭이다. 나에게도 '볼때기가 두툼하다' 하여 '아기공룡 둘리'라는 별칭이 따라다닌다.

"인간은 파괴될 수는 있어도 패배할 수는 없다." 명작 『노인과 바다』에 나오는 이 글귀를 나는 좋아하고 사랑한다.

주인공 어부 노인 산티아고는 무려 85일 만에 거친 바다에서 초대형 청새치를 잡았다. 하지만 악착같이 달려드는 상어 떼와 싸우면서 그렇게 중얼거렸다. 인간은 패배하기 위해 태어난 것이 아니라고.

그는 결혼을 여러 번 하고 자녀도 많이 낳았다. 그러한 그가 신경쇠약과 우울증에 시달리다가 엽총 자살로 생을 마감했다. 1961년의 일이다. 권총 자살이라는 형태로 '패배한 인간'으로 생을 마감한 것이다.

그는 직접 경험한 사실들을 작품에 풀어놓기 좋아해 작품마다 생동감이 넘친다. 그래서 본질에 가장 근접한 작가라는 '헤밍웨이 전설'을 유행시켰다. 가끔 자신의 경험을 본인에게 유리하게 윤색해 비난을 받기도 했다.

그의 대표작인 『누구를 위하여 종은 울리나』와 『노인과 바다』보다는 초기작품인 『살인자』, 『해는 또다시 떠오른다』, 『무기여 잘 있거라』에서 특유의 문체인 사실주의, 행동주의, 하드 보일드 문체, 헤밍웨이 문체(건조하고 간결한 문체)가 잘 드러난다.

혁신적인 문체, 기법, 강렬한 정서에 토대를 둔 그의 필력은 기자 시절에 습득되었다. 압축성, 정확성에 중점을 두어 짧고, 명료하고, 건조하고, 간결하다. 그의 글엔 중언부언도, 형용사도, 부사도 없다. 군살이 없다. 피, 뼈, 근육이 전부이다.

『오후의 죽음』(1932)에서 그는 "산문은 건축이다. 실내장식이 아니다"라고 선언한다. 작가 자신이 무엇을 쓰는지 안다면 자신이 아는 것을 생략할 수 있다고 주장한다. 빙산이 큰 위력을 발휘하는 것은 1/10만 물 위에 떠 있기 때문이다. '1/10 빙산'은 절제, 압축, 생략으로 전체를 가늠하게 한다고, 그 일갈에 나는 한 대 얻어맞았다.

그의 글은 간결하면서 쉽다. 단문은 단지 자르는 게 아니다. 상황을 꿰뚫어야 짧게 쓴다. 생략은 역설이다. 그때 독자의 상상력이 확장된다.

말하자면 최소치(the least)에서 최대치(the most)를 얻는 문체이다. 수식어는 독특한 임무를 띨 때만 사용해야 한다. 『무기여 잘 있거라』에서 '그는 슬프게 웃었다(He smiled sadly)'고 표현했다. '그는 슬펐지만 웃었다'가 아니다. '웃프다'는 대립적 조화이다. '슬프게'라는 수식어로 동사 '웃었다'가 살아난다.

특히 그 『노인과 바다』에서 나는 내 문학의 목마름을 해갈한다. 그는 실존적인 인간상을 등장시켜 인간이 가져야 할 용기, 믿음, 인내를 잘 살려낸다. 나도 사실주의와 행동주의를 좋아하여 그를 열심히 쫓아간다. '바라기'이다.

나는 기독교 선교사이다. 선교 활동이 만만하지 않은 것을 늘 체험하고 있다. 굳이 평탄한 길을 놔두고 험한 길을 택한 것은 '주어진 사명(given mission)'이 있어서다. '작은 것'(시간과 물질)이라도 필요로 하는 누군가에게 준다면 '작지 않은 것'이 될 것이라는 믿음 때문이다.

『노인과 바다』에서 헤밍웨이는 '싸우는 과정'을 생생하게 보여준다. 그 생생함을 전달하기 위해 짤막한 대화와 독백만으로 채웠다. 압축과 절제로 현실과 상황을 극명하고 생생하게 보여준다. 망망대해는 세상이요, 고기잡이는 처절한 생계이고, 상어와의 싸움은 생존경쟁이다. 망망대해는 나의 선교 현장이요, 고기잡이는 그 현장에서의 어려움이다.

나는 이 어려운 현실을 문학적으로 생생하게 전달해 보고 싶다. 헤밍웨이는 기자 생활 등으로 몸소 익혀갔지만, 나는 이제 겨우 문학 신출내기이다.

헤밍웨이는 『움직이는 축제』(1964)에서 "작가가 해야 할 일은 하나의 참된 문장을 쓰는 것이다. 그 참된 문장은 작가만이 안다"고 말해 또 나를 채찍질했다.

나는 '파파' 헤밍웨이가 아니라 '아기공룡 둘리'이다. '나만의 문체'를 확립하여 선교사인 내 사명을 다하려 한다. 그러기 위해서는 대장간(수필창작반)에서 벌겋게 달군 쇠붙이(창작 수필)를 두들기는 대장장이의 망치(연마)를 놓아서는 안 될 것이다.

외할머니의 광

외갓집은 면 소재지 외딴곳에 있었다. 어쩌다 외갓집에 가려면 덜컹거리는 버스에 안녕을 맡기고 산길을 넘어야 했다. 차가 겨우 지나다닐 만큼 좁은 도로에 울퉁불퉁 비포장도로였다. 승객들은 거센 파도에 이리 밀리고 저리 밀리며 온몸이 요동치곤 했다. 오장육부 위치가 다 뒤바뀌는 듯 정신이 띵했다. 영양이 부족하여 핏기없이 노란 데다가 멀미까지 덮쳐 얼굴이 하얗게 변하곤 했다. 산적들이 몰려올 것만 같은 음침한 곳도 있었다.

우여곡절 끝에 버스에서 내렸어도 또 한참을 걸어야 했다. 어린 시절이었기에 한 시간은 족히 걸은 것 같다. 지금이라면 이십 분 정도 걸릴 거리이다. 외갓집 겉모양은 여느 집과 다르지 않았다. 하지만 속은 그리 넉넉한 편이 아니었다. 동네에서 외따로 떨어진 논두렁 옆에 동그마니 있었다.

사립문 밖에 우물이 있었다. 우물물은 바로 앞에 있는 미나리

밭으로 흘러 들어갔다. 미나리는 자정 능력이 탁월한 식물이다. 우물물이 고여 시커멓게 변한 구정물을 먹고 자라지만 깨끗하고 담백하다. 미나리는 강력한 정화의 힘을 바탕으로 땅이 걸고 물이 많이 괴는 곳을 좋아한다. 내게도 저런 교화(敎化)의 힘이 있으면 좋겠다.

어쩌다 엄마가 외갓집에 가자고 하면 나는 신나서 앞장서곤 했다. 외할머니가 언제나 반갑게 맞아 주기도 하지만 더 반가운 것이 있어서다. 먹을거리가 있는 '광'이다. 그냥 광이 아니라 요술쟁이 광이었다.

광 앞에서 할머니가 내게 무어라 하시며 들어갔다. 쌀, 보리, 수수, 콩, 마늘, 양파 등 온갖 것이 다 있다. 외할아버지가 농사지은 곡식이다. 할머니는 광으로 들어가면서 주문처럼 들린 말씀은 '알리바바와 40인의 도적' 동화 이야기처럼 '내가 좋아하는 먹을거리가 있다'는 말씀이었던 것 같다. 열린 광은 드문드문 빈 공간이 있었지만 어린 내 눈에는 떡만 보였다.

외갓집에 들어서면 할머니는 늘 마당에서 내 손을 잡고 덩실덩실 춤을 추었다. 내가 지금 손자 넷을 두고 보니 이제야 그때 외할머니의 마음을 읽을 수 있다. 외할머니는 당신을 쏙 빼닮은 내 엄마를 낳았다.

내 막내 손녀도 외할머니인 아내를 똑 닮았다. 사위는 막내 손녀를 보면 장모님 뵈는 듯해 어렵게 느낀다고 한다. '쏙 빼닮는다'는 건 참 신기한 일이다.

할머니 광은 읍내 여느 가게가 부럽지 않았다. 내가 눈 빠지도록 기다린 것 '떡'이 있어서다. 그때는 쌀이 부족했기 때문에 떡은 귀한 음식이었다. 딱히 먹을거리가 없었던 당시, 외손자가 온다는 기별을 받고 뒤주를 닥닥 긁어 방앗간을 다녀오신 것이다. 외할머니의 따뜻한 마음씨는 외손자에 그치지 않았다.

외할머니의 삶은 풍요롭지 않았어도 걸인이 오면 그냥 보내지 않았다. 사립문 안마당에 멍석을 깔아 밥상을 차려주는 걸 보았다. 가끔은 광에서 곡식 한 보시기를 담아 동냥 주머니에 넣어주었다. 그래서 '광에서 인심 난다'고 했던가. 넉넉지 못한 생활이었으나 '광에 든 쥐'처럼 마음은 넉넉했다.

어렸을 땐 할머니 댁보다는 외할머니댁을, 고모보다는 이모를 더 친근하게 여겼다. 지금도 대학가 소문난 밥집은 거의 '외갓집 식당' 혹은 '이모네 식당'이라는 간판을 내건다. 모두 푸근한 엄마와 연관이 있다. 먹성이 좋은 젊은이들은 밥이 모자라면 마음대로 더 먹을 수 있다. '외갓집 들어가듯' 편하게 먹는다.

내 마음도 외할머니 광처럼 소소하지만 듣기만 해도 보기만 해도 넉넉한 곳이라면 좋겠다. 털털거리는 버스를 타야 하고, 또 한 시간 정도 더 걸어야 해도 투덜대지 않고 가뿐히 갔던 것은 외할머니의 '광' 때문이어서다. 나는 먼발치에서도 '외할머니 광' 소리만 들으면 마음은 벌써 할머니 댁에 가 있었다.

사람들이 내 이름을 듣기만 해도 포근한 가슴을 느낄 수 있다면 얼마나 좋을까. 코로나19 시대에 외할머니의 손자답게 사람들이 멀리 떨어져 있어도 나를 그리워하게 할 수 있을까. 내게도 그만한 마음의 광이 있을까. 외할머니처럼 이웃을 따뜻하게 배려하는 마음이 몸에 스며 있으면 좋겠다. 어려운 이웃을 보면 할머니처럼 빈손으로 보내지 말아야지.

손주를 둔 할아버지가 되었어도 '외할머니의 포근했던 마음의 광'이 눈에 선하다. 할머니, 할머니, 외할머니. 우리들의 외할머니. 무척 보고 싶어요.

이발관

나는 이발소 의자에 앉기가 무섭게 꾸벅꾸벅 존다. 이발사는 내 머리를 똑바로 세우느라 여념 없다. 머리카락을 만지면 왜 잠이 올까? 나만 그런 게 아니라 다른 사람들도 그렇다고 한다.

아기가 특별한 이유 없이 칭얼대면 '자장자장 우리 아기 잘도 잔다.' 자장가 부르며 머리카락을 쓰다듬어준다. 아기는 스르르 잠이 든다. 헛젖꼭지보다 머리 쓰다듬기가 더 효과적이다. 사람의 두뇌 신경은 머리카락을 만져주면 잠을 자라는 신호로 알고 취침나팔을 부는가 보다.

목욕탕이 생기면서 이발소가 사라졌다. 목욕탕을 요즘은 사우나라고 부른다. 이발소가 사우나 안으로 들어가니 동네 미장원도 '헤어컷'이라고 간판을 영어로 바꿨다. 모두 세련되게 보이려고 야단이다.

목욕탕은 촌스럽고 사우나는 세련되어 보이는가. 목욕탕에 가면 뜨거운 물이 있다. 한국 사람은 뜨거운 물을 좋아한다. 국물도 목욕물도 뜨거워야 '시원하다'고 한다. 외국인이 '시원하다'는 말의 느낌을 알게 되면 한국 사람이 다 되었다고 한다.

내가 애용하던 시내 목욕탕이 코로나19로 한 달이 넘도록 문을 열지 않았다. 하는 수 없이 동네 미장원에 가서 머리카락을 자르려고 기웃거렸다. 안에 젊은 남자들이 몇몇 보이지만 처음인 나는 쑥스러워 주춤거렸다.

그러는 사이 목욕탕이 아닌데도 흰색, 빨간색, 파란색이 칠해진 전등이 빙글빙글 돌아가는 이발소 표시등이 눈에 띄었다. '이발소 영업 중'이라는 시그널이다. 참으로 이상하다. 내가 이 골목을 지나다닌 지 10년이나 되는데 처음 보는 시그널이다. 반갑기도 하고 신기하기도 해 들어가 보았다.

지하실이다. 묵직한 이발 의자 두 개가 떡하니 버티고 앉아 있다. 정면에 대형 거울이 나를 바라본다. 참으로 오랜만이라는 눈인사 같다. 나는 자동적으로 그 의자에 앉았다. 여지없이 꾸벅꾸벅 조는 사이 머리카락 자르는 공정이 끝났다. 의자를 눕히더니 수염까지 깎아준다. 코털에 귀털까지. 머리를 감으러 가자고 어깨를 두드린다. 시골 학교 급수대처럼 생긴 머리 감는 공간이 따로 있다. 옛날식 그대로이다.

머리를 다 감으니 세수하라고 세면대에 물을 받아 준다. 마치 각본대로 움직이는 연극 같다. 사건 현장에서 수사 중인 형사가 혐의자에게 사건을 재현해 보라는 것 같기도 하고. 전에는 '시다'

가 요즘 '알바'처럼 머리 감겨주는 일을 했다. 머리를 다 감겨주면 세수하라고 물을 받아 준다. 의자에 수건을 놓는 것도 영락없이 예전 그대로다.

머리 감는 공정이 끝나면 이제는 다시 머리카락 깎던 의자 옆의 다른 의자에 앉으라고 한다. 머리카락 물기를 말리고 얼굴에 로션을 바르는 마지막 공정이 있다. 전에는 면도해 주던 여자 면도사가 부드러운 손으로 로션을 발라 주었다.

예전에는 이발소 주인은 머리카락만 깎고, 면도는 여자 면도사가, 머리 감는 공정은 시다가 맡았다. 소위 세 공정을 나누어 분업했다. 그런데 지금은 세 공정을 주인 이발사가 도맡아 한다. 인건비가 비싸진 것이 원인이려니. 게다가 요즘은 목욕탕에 이발소가 있어 면도도 본인이 하고 머리 감는 것도 본인이 한다.

옛날 이발소 내부 벽에는 재미있는 광경이 있었다. 전국 모든 이발소가 공통으로 걸어 놓은 액자이었다. 머리카락 깎는 의자 앞의 큰 거울 위나 뒷벽에 걸린 커다란 사진 그림이다. 그 사진은 이발하는 동안 내내 거울에 비쳐 쳐다볼 수 있다. 그 그림은 어마어마하게 큰 어미 돼지가 옆으로 누워 열 마리가 넘는 새끼들에게 젖을 빨리는 장면이다.

조물주가 포유류 동물에게 새끼를 낳을 최대의 숫자를 미리 부여한 것인가. 젖꼭지 수가 그것을 넌지시 암시한다. 사람은 두 명, 개 돼지는 열 마리 이상 등. 만일 조물주가 사람에게 최대 세 명을 허용했더라면 엄마의 젖꼭지 수도 셋이었을까.

그런데 왜 이발소에만 이러한 돼지 사진을 걸고 미장원에는 걸지 않았을까? 남존여비 풍조로 자녀 낳는 것은 남편 마음먹기에 달려 있다는 암시이던가. 옛날에는 자녀가 재산이어서 많이 낳을수록 좋았다.

인구가 자꾸 줄어드는 요즘, 불안한 예측만 무성할 뿐 구체적인 대안이 보이지 않아 안타깝다. 여성 상위 시대라고 하니 여성 헤어컷 거울 위나 뒷벽에 그 어미돼지 사진을 세련되게 다듬어 걸어 놓으면 어떨까 싶다. 요즘은 남자들도 헤어컷을 많이 이용하니 남녀 공히 쳐다보라고,

옛것을 찾는 풍조가 되살아나고 있으니 절호의 기회가 아닌가. 목욕탕 속으로 들어간 이발소가 밖으로 탈출할 가능성은 낮아 보인다. 게다가 남자의 주도권도 약해졌다. 남녀가 구별 없이 드나드는 헤어컷에 다산을 상징하는 세련된 그림을 걸어두는 풍조가 생기면 좋겠다. 새끼에게 젖을 먹이는 어미돼지의 흐뭇한 표정을 보면 마음이 달라질지 모른다. 이참에 이발소가 다시 살아나면 더 좋겠다.

4

마시는 항암제

산정호수 그 '자라'는 어디서 살까

내 손을 꼭 잡고 산정호숫가를 거닐던 딸내미가 갑자기 손을 내려놓으며 걸음을 멈춘다. 여린 손가락으로 호숫가 바위를 가리킨다. 자라 한 마리가 글썽이며 우리를 처량하게 바라본다. 낌새가 이상하여 바싹 다가갔다. 옆 바위 위에 또 한 마리가 앉아 있다.

자라는 본디 겁이 많은 동물이다. 잠자는 아기 보러 가듯 오솔길에서 물가로 사뿐사뿐 다가간다. 바싹 다가가도 자라는 꼼짝하지 않았다. 자세히 보니 온몸이 철사로 얼기설기 묶여 있었다.
"아니, 저럴 수가!"

산정호수의 본래 이름은 용화(龕華)저수지이다. 용(龕)자가 들어가는 지명에는 늘 전설이 있다. 용화라는 말은 인근 삼부연(三釜淵)폭포에서 유래한다. 거기서 살던 이무기 세 마리가 용이 되어 승천했다고 한다. 20m 높이에서 세 번 꺾여 쏟아지는 폭포가 세

개의 웅덩이를 만들어 냈다는 삼부연폭포, 앞에 서니 떨어지는 물의 포효에 압도된다.

인공호수인 용화저수지는 마을 사람들에게는 '산속의 소중한 우물'이어서 산정(山井)호수라고 불렀다. 산정호수에서 주차장 쪽에도 작은 폭포가 있다. 삼부연폭포를 빼닮았다. 이것도 인공 폭포다. 여기에서 흘러내린 물은 아랫마을 논농사에 큰 보탬이 된다.

철사에 옭매인 그 자라를 조심스레 풀어주니 뒤도 돌아보지 않고 팔을 나풀거리며 건너편 자라에게 달려간다. 건너편에서 안절부절못하던 자라가 잽싸게 물로 뛰어든다. 약속한 듯 둘은 쏜살같이 어디론가 사라진다. 엄마와 아이였을까, 부부였을까.

이 광경을 바라보던 열 살 큰아이와 일곱 살 작은 아이가 짝짝짝 손뼉을 친다. 아마도 어린이동물원에서 보았던 그 자라를 생각했으리라. 어쩌면 또래 아이로 여겼을지도 모르고.

얼마 전에 마흔 살이 넘은 두 자녀에게 그때의 상황을 물어보았다. 큰애는 철든 나이었는지 어렴풋이 기억한다. 여행만 한 선생님도 없다. 어렸을 때 여행은 두고두고 추억이 된다.

며칠 전 문학모임에서 DMZ 근방으로 문학 기행을 갔다. 첫날 산정호수 숙소에서 묵었다. 저녁 식사를 마치자마자 슬쩍 빠져나와 그 '자라'를 만나러 나섰다. 길 잃은 아이 부모 찾아주러 파출소로 가는 마음으로.

세월이 흘렀으니 응당 길이 서먹서먹하다. 그때 그 오솔길은 온데간데없다. 대신에 가장자리 물 위에 나무로 만든 길이 생겼다. 다니기 편하기는 한데 영 자연스럽지 않다. 날이 어둑어둑해져 사전답사만 하고 숙소로 돌아갔다.

다음날 새벽 일찍 다시 '자라' 찾으러 나섰다. 이번에는 호수를 한 바퀴 돌며 샅샅이 뒤져보기로 작정했다. 그런데 그 자리를 찾는 게 쉽지 않았다. 거의 한 바퀴 다 돌아보았다.

다행히 비슷한 후보지를 몇 군데 찾았다. 오솔길도 조금 남아 있다. "어! 영락없는 그 자리네." 하지만 그때의 그 바위는 없다. 자라는커녕 물고기 한 마리도 보이지 않는다. 어찌 된 일인가. 너무 이른 아침이어서 그런가. 물고기들은 보통 열 시경 숨을 쉬러 물 위로 오른다.

자라의 수명은 30년~100년이란다. 생물 중에서 긴 편이다. 30여 년 전의 일이니 그 '자라'도 나처럼 반백이 되었을까.

우리 가족은 모두 열 명이다. 행복하다. 자녀 모두 결혼하여 각각 둘씩 제 자녀를 두었다. 심하게 아픈 식구 없다. 우리 부부는 노쇠 현상만 나타날 뿐 큰 병은 없다. 미리미리 병원에 가서 정기 검사를 받는다. 생활도 평균 정도이다. 이만하면 행복한 것 아닌가.

우리 가족의 행복은 산정호수 자라 덕분인지 모른다. 불교 신자들은 사람에게 잡힌 물고기를 원래 살던 물속으로 되돌려 보낸다. 방생은 연례 행사이다. 불교에서는 생명 있는 것을 살려주면 후생에 복을 받는다고 여긴다. '철삿줄에 묶인 자라'를 우리가 풀어주었으니 자라가 우리 가족에게 행복으로 보은하지 않았을까.

자라는 우리 가족을 만나지 못했다면 말라 죽었을지 모른다. 자라는 물속에서 살아야 한다. 가끔 숨 쉬러 올라올 뿐이다. 갑자기 아찔한 생각이 머리카락을 삐죽이 세운다.

알게 모르게 철삿줄로 묶인 우리 가족을 자라가 누군가에게 부탁하여 풀어주었을지 모른다는 생각에. 철삿줄 풀어준 모두에게 감사하고 또 감사하다.

기독교인인 나는 그때 그 '자라'를 천사로 믿는다. 최선을 다하고 간절하게 기도하면 하나님은 천사를 시켜서 그 기도를 들어주신다고 믿는다. 그때 그 '자라'는 하나님이 보내신 천사이리라. 하나님이 우리 가족에게 복을 주시려고 자라의 상황을 연출하신 것일는지 모른다.

자라는 꼼짝 없이 죽을 뻔했다. 하지만 하나님의 계획으로 우리를 만나 살아났다. 우리 가족과 자라는 서로에게 천사가 되었다. 우리는 복을 받아 행복하고, 자라는 오래오래 살고. 이렇게 행복을 나누고 있다.

산정호숫가에 쭈그려 앉아 그 옛날을 회상하느라 시간 가는 줄 몰랐다. 호수 한 바퀴 거리는 3km이다. 한 시간 남짓 걸린다. 제법 땀이 난다. 이마에 땀방울을 훔치며 가벼운 발걸음으로 아침 식사를 하러 갔다. 내가 환히 웃는 얼굴로 들어서니 동료 문학인들이 "무슨 좋은 일 있느냐"고 번갈아 가며 묻는다.

나의 그 기막힌 이야기를 꺼내면 버스를 놓칠 것 같다. 그래서 수필로 써서 전하기로 하고 DMZ로 출발하였다. DMZ 문학기행에 참가하여 좋은 수필 소재 하나 건졌다.

수필 소재는 언제나 어디서나 즐비하다. 소재를 찾는 것은 마음의 눈에 달려 있다. 나의 수필은 어디서나 나와 동행한다. 이 또한 행복 아닌가. 행복은 바로 내 옆에 있고 내 마음에 있다. 나의 대표 시 하나가 이런 가운데 나왔다. '보려고 해야 보이고 본 만큼 보인다.'

상추재테크

나의 어머니는 열여덟 살 때 벽촌으로 시집왔다. 밭에서 상추와 쑥갓을 뜯다가 점심시간이 되면 부엌으로 들어간다. 대청마루에서 시부모와 겸상한다. 시골에서 가끔 보는 모습이었다.

그 시절에는 사립문 밖 텃밭이 반찬가게였다. 손바닥에 상추를 펴고 보리밥과 된장을 얹어 쑥갓을 곁들여 싸 먹으면 볼때기가 불룩 튀어나왔다. 어기적어기적 씹는 소리가 한여름 무더위를 한 방에 날려 버렸다.

겸상하는 며느리와 시아버지가 눈이 마주친다. 며느리는 계면쩍어 눈을 밥상으로 내리깐다. 시아버지는 애써 입맛 다시며 쳐다보는 강아지로 시선을 돌린다.

상추에는 락투신과 락투세린이라는 성분이 있어 졸리기 쉽다. 시아버지는 상추쌈으로 점심 식사를 마치면 곧장 평상에 누우셨다.

요즘 상추를 손바닥에 펴, 밥이나 고기를 올리고 쑥갓을 첨가하여 된장을 곁들이는 '쌈'은 서양인들도 좋아한다. 육류를 즐기던 서양인들이 균형 잡힌 식사를 우리나라에서 배웠다. 아예 스테이크 그릇 위에 채소를 얹기 시작했다.

상추와 쑥갓은 함께 자라 서로 절친한 사이이다. 상추가 자라기 전에 어린잎을 솎아 주먹에 잔뜩 올려 싸 먹는 '주먹 쌈'은 쑥갓을 넣지 않아도 제맛이 난다. 상추와 쑥갓은 어릴 때 솎음수확을 해야 쑥쑥 잘 자란다.

고들빼기 냉이 씀바귀는 흙이 있으면 어디서나 잘 자란다. 굳이 사람의 손길이 닿지 않아도 스스로 잘 큰다. 특유의 향이 나는 냉이는 봄이 왔다는 전령이다. 아낙네들이 냉이를 캐 오는 날은 구수한 냉이된장국 냄새가 온 동네로 솔솔 퍼진다. 냉이는 잎, 줄기, 뿌리를 다 먹는다.

쌉싸름한 고들빼기[苦菜]는 뿌리를 먹는다. 무더운 여름날, 내가 입맛이 떨어졌다 하면 아내는 고들빼기를 양념에 버무려 밥상에 올렸다. 사포린, 이눌린 성분이 쌉싸름하여 입안에 생기가 돈다. 정말 입맛이 확 돌아왔다.

상추는 잎을 먹지만 씀바귀는 주로 뿌리를 먹는다. 씀바귀는 인삼 주성분인 사포닌이 들어 있고 고들빼기처럼 쌉쌀하다. 나는 고들빼기도 좋아하고 씀바귀도 좋아한다.

고들빼기, 냉이, 씀바귀는 잎, 줄기, 뿌리를 통째로 뽑는다. 뿌리까지 뽑기 때문에 그날로 생을 마감한다. 다행히 씨앗이 퍼지면 자손들이 다음 해에 태어난다.

하지만 상추나 쑥갓은 다르다. 뿌리를 남겨두고 이파리만 따면 얼마든지 다시 수확할 수 있다. 파종 후 한 달 정도 지나면 키가 손가락 길이만 하게 자란다. 처음 자란 잎이 넉 장 이상이 되면 '상추'가 된다. 상추가 덥수룩하게 자라면 잘 솎아내 공기가 통하게 해야 한다. 상추는 바람이 잘 통해야 쑥쑥 자란다. 기온이 오르면 꽃대가 올라오고 꽃이 필 때까지 자란다. 쑥갓도 마찬가지이다.

요사이 텃밭에 채소를 심어 자급자족하는 게 자연스러운 일상이 되었다. 채솟값이 비싸지면서 텃밭을 가진 친구들이 신났다. 수십 포기만 심어도 자급하고 남는다. 해가 넘어갈 무렵 밭에 나가 솎아낸 상추를 이웃집에 나누어 주면 인심이 하늘을 난다. 다음날 밭에 나가면 언제 솎았냐는 듯이 또 무성하게 자랐다.

냉이 고들빼기 씀바귀는 '먹는 맛'은 있어도 '키우는 맛'은 덜하다. 한 번 뽑으면 그 자리가 휑하니 허전하기 때문이다. 하지만 상추와 쑥갓은 솎아도 솎아도 늘 끊임없이 자라니 가꾸는 재미가 쏠쏠하다.

텃밭에 쪼그려 앉아 상추와 쑥갓을 솎다 보면 거기에 '돈'이 보인다. 상추나 쑥갓을 팔아서 버는 돈이 아니라 돈을 불리는 '지혜'가 보인다.

상추나 쑥갓은 잎을 딸 때 아랫잎 줄기에서 바싹 따야 한다. 잎이 줄기에 남지 않아야 한다. 짓물러진 자리가 감염되지 않도록 따는 것이 중요하다. 줄기가 다치지 않게 아기 다루듯 해야 한다.

재테크 투자도 상춧잎만 따듯이 해야 한다. 기본 원금은 짓물러 감염되지 않고 공기가 잘 통하게 해야 한다. 원금으로 생긴 이득만 가지고 재테크를 시작해야 한다. 재테크로 이득이 생기면 또 그 이득만 가지고 재테크해야 한다.

요즘 세계경기 침체로 시장이 먹구름이다. 은행에 남아 있는 원금을 건드리지 않았으면 다행이다. 이자가 잘 나온다고 원금까지 투자한 자는 밤잠을 자지 못한다. 상추를 키워보지 못한 사람은 상추가 가르쳐주는 돈을 불리는 지혜를 알아채지 못했을 것이다.

생명이 있는 것들은 하나같이 살아가는 지혜가 있다. 상추에서도 교훈을 얻는다. '근본'은 건드리지 말아야 한다는 진리를 가르쳐 준다. '근본'이 하찮다고 업신여기면 큰코다친다. 사람이 배워야 할 가르침은 성경 속에도 있다. 몇 분만이라도 시간을 투자해 탐독해 보라. 돈이 보인다.

사람은 신체의 근본인 '허리'만 잘 지키면 건강할 수 있다. 백세시대를 씩씩하게 걸으면서 여생을 마음껏 누릴 수 있다. 세상 '근본 논리'를 존경스러운 시선으로 바라보아야 한다.

세상만사 스승이 아닌 게 없다. 한여름 상추를 먹다 보니 재테크 선생님으로 다가온다. '상추 재테크'가 우둔한 인간을 빨리 깨워 일으키길 바란다. 지혜는 멀리 있는 게 아니다. 우리 코앞에서 벌어지고 있는 가뭄, 홍수, 열대야, 코로나-19 고통을 이겨내는 지혜도 바로 가까이에 있다. 자연과의 조화만이 우리 고통을 해결하는 '바로미터'라고 가르치고 있다.

삶의 지혜를 가까이에 있는 자연에서 찾기보다는 멀리서 찾으려 애쓴다. 달[月]은 해[日]가 비추는 빛을 받아 밤을 밝힌다. 그러한 고마운 달[月]을 정복하려고 세계가 경쟁적으로 인공위성을 쏘아 올린다. 인간이 바이러스를 달에 퍼뜨려 달이 코로나에 걸리면 어쩌려나. 밤이 음압병상에 누워 칠흑으로 변하면 어쩌려고.

텃밭이 오늘은 우리에게 또 무슨 지혜를 주려나. '상추' 선생님이 기다리시는 텃밭 재테크 교실로 향한다. "상추 선생님, 간밤에 안녕히 주무셨어요."

쉼

바닷가 해안에 어선 한 척이 발라당 뒤집어진 채로 등짝을 드러낸다. 아직 해님이 떠 있어 늦은 일광욕을 하는 건가. 겸하여 푸르뎅뎅한 검버섯 제거 수술이라도 하려는가. 참 편하게 보인다. 어부도 어선도 쉬는 시간이다. 모두 행복한 시간이다. 거친 파도와 씨름하느라 수고가 많았으니 저녁에는 배도 사람도 쉬어야 한다.

조물주는 천지를 창조하면서 해가 있는 낮과 달이 있는 밤을 사이좋게 반반씩 교대 근무하게 했다. 어떤 배려일까? 이와 연결되는 기억을 끄집어내 본다.

내가 자주 찾던 산길도 휴식년을 보내고 있는지 멀리 돌아가라 한다. 책 문장에도, 악보에도 그렇게 쉼표가 들어 있다. 수업도 쉬는 시간이 있고, 일터에도 쉬는 날을 정해놓았다. 달력에도 쉬는 날을 빨간색으로 칠해 쉬라고 강조한다. 안식일, 안식년도 있다. 왜 이런 쉼의 시간을 정해 두었을까?

쉼의 원천은 성경이다. 하나님은 빛, 물, 땅과 식물, 해 달 별, 새 물고기, 육지 동물과 사람을 차례로 엿새 동안 창조하였다. 사람은 마지막 날 자신의 형상대로 지었다. 자연을 잘 관리하라고. 그리고 일곱째 날 안식하였다, 즉 엿새 노동 후 다음 날 휴식을 취한 것이다.

쉼은 안식(安息)의 시간이다. '편히 쉬다'라는 뜻이다. 배터리는 완전히 바닥 난 상태에서 다시 충전하려면 많은 시간이 걸린다. 그러니 중간중간 틈나는 대로 재충전하라고 충고한다. 나도 낮시간에 틈나면 쪽잠으로 충전하는 시간을 갖는다.

버스에서도 기차에서도 눈을 쉬게 한다. 눈과 함께 일하는 많은 신체 구조에도 덩달아 쉬는 시간을 주기 위해서다. 사람이나 기계나 모두 필요한 게 쉼이다. 쉼은 다음 일을 계속하기 위한 보약이다.

낮은 일하는 시간이고 밤은 쉬는 시간이다. 낮에는 일하기 위해 해를 주어 밝게 하고, 밤에는 해를 지게 하여 어둡게 하였다. 사람이나 동물이나 어두우면 잠이 온다. 신체 구조가 쉼의 시간인 것을 알고 작동을 멈춘다.

밤이 되면 꽃밭의 꽃잎도 잎사귀도 새근새근 아기처럼 웅크리고 잠을 잔다. 새들도 밤에는 울거나 소리 내지 않는다. 방금 부화한 옆집 아기 새가 깰까 봐 쉿 소리도 내지 않는다. 해가 넘어가면 찍찍거리는 쥐도 잠든 듯 대지는 조용하다. 그래서 '쥐

죽은 듯 조용하다'고 하나보다.

밤새 쉼의 배터리가 다 충전된 걸 어떻게 아는지 재 너머 방앗간 벨트 돌아가는 소리가 들린다. 새로운 하루의 시작을 알리는 신호이다. 밤새 푹 쉰 닭도 방앗간 벨트 소리에 깨자마자 알 낳고 횃대로 올라가 '꼬꼬댁' 하며 새벽이 왔음을 알린다.

닭 기침 소리에 깬 강아지도 부스스 일어난다. 하늘을 바라보고 아직 쉬러 들어가지 않은 아침 달이 보이면 여지없이 짖는다. '어여 빨리 들어가 쉬어.' 손주들 떠나보내며 손짓하는 할머니 같다. 모두가 지휘자의 지휘봉만 바라보고 일사불란하게 움직이는 새벽의 오케스트라이다.

사람이나 기계나 쉼 없이 일하면 고장이 난다. 하나님은 조물주이다. 조물주는 고장이 나기 전에 쉬는 시간을 갖도록 설계하고 몸소 시범도 보였다. 조물주는 왜 쉼 없이 일하도록 하지 않았을까? 왜 죽음을 허락했을까?

조물주는 현명하다. 사람이나 기계에 사용할 수 있는 내구연한을 충분히 설정하고 그 전에 고장 나면 고쳐 쓰고, 내구연한이 다 차면 다른 것으로 교체하도록 설계했다. 세상이 돌아가는 순환논리다.

쉼은 내구연한을 충분히 활용할 수 있도록 허락한 조물주의 특별 배려이다. 악보에 쉼표가 없으면 끝까지 연주할 수도 없고 노래도 부를 수 없다. 쉼은 완주를 위한 기막힌 배려이다. 가장 좋은 쉼은 눈 감는 것이다. 잠을 자는 것이다. 눈과 함께 일하는 다른 기관들도 함께 쉴 수 있는 시간이다.

쉼은 내일을 위하여 오늘을 재충전하는 시간이다. 몸이 쉬라고 보채기 전에 때가 되면 쉬어야 한다. 눈은 몸이 쉬어야 할 때가 되면 하품으로 신호한다. 그때는 하던 일을 중지하고 쉬어야 한다. 길거리에서나 지하철에서 휴대폰 보지 말고 눈을 쉬게 해야 한다.

몸이 하는 말을 잘 들어야 오래 산다. 남편은 아내 말을 잘 들어야 신수가 편하다. 아이들도 엄마 말을 잘 들어야 칭찬 듣는다. 조물주도 동일한 논리를 적용한다.

쉼을 통하여 어제를 이어 오늘도 있게 하고, 오늘을 이어 내일도 허락하는 것이다. 쉼은 참 현명하다. 조물주도 쉼도 모두 참 논리정연하다.

저 배도 어부도 쉼의 시간이 지나면 다시 일터로 나갈 것이다. 몸이 허락하는 그때까지 주어진 임무를 다 해내리라. 어부여, 어선이여 잘 쉬고 만수무강하시라.

까치산의 까치들은 다 어디 갔나

인도어 골프장에 운동하러 가려면 청담공원을 가로질러 가야 한다. 이 공원 오솔길 옆 벤치에 잠시 앉았다가 가는 게 일상이 되었다. 거기에는 세 친구가 기다리고 있다. 때까치, 참새, 까치이다. 때까치는 한 뼘도 안 되니 귀엽다. 아니 '구엽다'다는 표현이 더 귀엽게 들린다.

그런데 까치는 어디선가 본 듯한 인상이다. 얼마 전 가까운 뚝섬에서 만났던 그 녀석인가? 그 녀석이 이 녀석인지 아닌지는 나는 안다. 모두 사연이 있기 때문이다.

이 녀석은 그 녀석이 아니라는 듯 내 발 앞을 자꾸 서성인다. 뭐 할 말이 있나 보다. 따라오라는 시늉을 한다. 혹시나 해서 꽁무니를 따라가 봤다.

서울에는 43개의 높고 낮은 산이 있다. 지하철로 바로 갈 수 있는 산도 제법 있다. 까치산이 그중 하나이다. 까치산으로 가는 역은 이름 자체가 까치산역이다. 우장산역 두 정거장 전에 있는 까치산역에 도착했다.

나는 지하철 두더지가 되어 온몸으로 땅속에서 달리고 까치는 날개로 하늘을 날았다. 약속한 까치산에 도착하니 그 까치가 먼저 와 있었다. 마치 친정을 소개하듯 나를 안내한다.

까치산은 여느 산처럼 별도로 독립된 산이 아니다. 인근 봉제산(鳳啼山, 117m)의 줄기이다. 전해 내려오는 옛날이야기가 있다. 이 두 산 이곳저곳 나무마다 온통 까치집이 즐비했다.

저녁 무렵 산에서 아랫마을 신월리(신월동) 쪽을 바라보면 하늘을 뒤덮는 장관이 펼쳐졌다. 서쪽으로 완만한 경사를 이루며 드넓게 펼쳐진 황금 물결치는 들판 위에서 대형 파노라마가 펼쳐진다. 참새와 까치가 하늘에서 곡선을 그어가며 피겨스케이트 경기를 펼치는 듯한다.

한바탕 공연이 끝나면 지친 몸을 이끌고 집으로 돌아온다. 동네 사람들은 피겨스케이트 선수들이 사는 이 산을 '까치산'이라고 불렀다. 높이가 84.8m이지만 당시에는 더 높은 산이었을 것이다. 그런데 그 많던 까치들은 다 어디 갔을까?

까치산은 이름만 산이지 산이 아니다. 까치산역 쪽에서 오르는 길은 야트막하여 산처럼 보인다. 하지만 봉래산이 있는 뒤쪽은 그냥 동네이다. 개발 붐으로 산의 흔적을 잃었다. 까치가 더 이상 서식할 수 없는 한계 상황에 다다랐다. 까치들은 어디론가 떠나야 했다.

서울에 산이 많이 있다지만 까치산 까치들이 집단으로 이주할 만한 산이 그리 많지 않다. 수십 단위로 나눠 새 보금자리를 찾으려 해도 턱없다. 산마다 온통 개발이 경쟁적으로 이루어져서 그렇다.

까치들은 뿔뿔이 헤어져야 했다. 까치가 서울의 산마다 몇 마리씩 보이는 이유일 것이다. 산새들은 사람이 산들을 개발하고, 나무 수가 줄고, 운동한다고 드나드는 횟수가 늘어나자 불안한 나날을 보낸다.

운동하러 가려면 거쳐야 하는 조그만 근린공원에도 나무가 제법 많았을 것이다. 하지만 여기에 인도어 골프장, 배드민턴장, 농구장, 운동기구들이 들어서는 바람에 산새들이 살 터전을 잃었다. 다행히 때까치 한 마리와 몇 마리 참새가 있어 까치는 외롭지 않겠다.

산새만 살아오던 터전을 버리고 어색한 다른 곳으로 이주하는 것이 아니다. 사람도 마찬가지이다. 다목적 댐을 건설하면 수몰 예상 지역 주민들을 안전한 다른 곳으로 이주시킨다. 고향보다 더 나은 환경을 갖춘 살기 좋은 터전으로 이주한다.

하지만 산새들은 그렇지 아니하다. 태어난 본향이든 자라온 고향이든 정든 삶의 터전을 잃으면 알아서 이주해야 한다. 이주할 새 터전이 마뜩잖다. 한 가족이 헤어질 수밖에 없다. 청담동 근린공원 까치도 그럴 게다. 타향도 정들면 고향이다. 때까치와 참새가 새 가족이 된 듯하다.

앞으로 내가 이 공원을 드나들어야 할지 말아야 할지 고민된다. 인도어 골프장 운동 석 달만 하고 그만두었다. 그 까치가 내 맘을 알아줄까.

마시는 항암제

"아주 깨끗합니다. 5년 후에 다시 검사해도 좋을 정도입니다."

"선생님, 감사합니다. 그런데요. 제가 막걸리를 약으로 한 잔씩 복용해요. 막걸리에 항암 성분이 들어 있다고 해서요. 계속 복용해도 좋을까요?"

"알코올 성분이 더 많은데요."

"……."

위장과 대장 내시경 담당 의사와 이렇게 주고받았다.

독일 사람들은 맥주를, 프랑스 사람들은 포도주를 식사 때마다 마신다고 한다. 내가 복용하는 막걸리도 알코올 도수는 낮지만 그래도 술인데 간이나 췌장 손상으로 암 발생을 재촉하지 않을까 염려된다. 그런데 몇 년 전 이 궁금증이 단번에 확 날아갔다.

2019년 4월 12일 한국식품연구원이 항암물질로 알려진 '파네졸'이 막걸리에 500ppb가 들어있다고 발표했다. 이는 맥주(20ppb)

의 25배, 정종(10ppb)의 50배, 포도주(5ppb)의 100배 수치이다. 파네졸은 막걸리병에 많이 가라앉아 있어 흔들어 마셔야 한다고 권고한다. 그러면 막걸리를 즐겨 마시는 한국 사람은 포도주 나라 프랑스, 맥주 나라 독일, 청주의 나라 일본 사람들보다 암 발생률이 낮은가.

우리나라는 1980년부터 태어난 해를 기준으로 짝수 홀수로 구분하여 국민건강 검진을 한다. 국민건강은 국가의 자산이다. 국가 자산을 지키고 정부 보험 재정을 최소화하려는 것이다. 위암, 폐암, 대장암을 집중적으로 관리하는 나는 올해 건강검진 대상이다. 곧 선교지로 돌아가야 하니 건강해야 한다.

나는 오래전에 성경 공부하던 중 회심하였다. 젊었을 때라 건강 염려는 안중에도 없이 즐겼던 술과 담배를 나도 모르게 멀리하게 되었다. 나중에 알고 보니 이게 바로 성령이 내 안에 들어오신 거란다. 이것은 나의 '신앙 간증'이 되었다.

하지만 포도주는 남겨 놓았다. 성경 공부하는 도중에 오늘날 와인(술)의 효시가 조지아산(産) 포도로 만든 '성스러운' 포도주라는 걸 알았기 때문이다. 조지아 포도주는 상업적인 포도주가 아니라 친환경적이고 전통적이고 '성스러운' 포도주이다.

성경책 신구약 전반에서 441번이나 나오는 포도주 이야기는 올리브나무와 단짝으로 등장하는 주인공이다. 내가 포도주 찬양을 일삼는 것은 갈릴리지방 '가나의 혼인 잔치' 이야기와 '최후의 만찬'에서 비롯된다. 예수님이 어머니와 제자들과 함께 혼인

잔치에 초대받아 갔던 이야기는 나를 더욱 솔깃하게 했다.

얼마나 축하객들이 많이 왔는지 포도주가 부족했다. 예수님이 어머니의 간청을 듣고 돌항아리 여섯 개에 물을 담아 포도주로 변하게 하였다. 예수님의 기적이 일어나는 순간이었다. 예수님은 포도주를 만들고 마셨다.

나는 아직 포도주를 만들지 못한다. 하지만 예수님을 닮고 싶어 마시기 시작했다. 코로나19가 끝나면 아르메니아에 가서 조지아산 포도주 만드는 법을 배워야겠다. 나는 '예수님 바라기'이다.

예수님은 로마군에 잡히시던 전날 밤, 제자들을 불러 모았다. 일일이 발을 씻기신 후 명령에 가까운 부탁을 내리셨다. "이 빵은 내 '살'이요, 이 포도주는 내 '피'이니라. 나를 기념하여 먹고 마셔라." 최후의 성찬식 자리였다. 여기에서 마신 조지아(아르메니아)산 포도주는 세계 최초의 포도주가 되었다. 술이 아니라 예수님 '피'였다.

창세기(9장)에 나오는 노아의 홍수 이야기도 흥미진진하다. 홍수가 멈추자마자 노아가 가장 먼저 한 것은 포도나무를 심는 일이었다. 노아가 하루는 포도주에 흥건히 취해 발가벗고 잠이 들었다. 나도 언젠가 비 오는 날 포도주에 취해 길바닥에 드러누운 적이 있었다. 나는 발가벗지는 않았지만 노아의 기분을 알게 되었다.

지금 우리가 마시는 포도주는 예수님의 성찬식 포도주가 아니다. 조지아산 성스러운 포도를 돌항아리에 넣어 땅에 묻어 숙성시켜 만든 그런 성스러운 포도주도 아니다.

우리가 익히 알고 있는 포도주는 알코올이다. 유럽(포르투갈, 스페인), 남미(칠레), 미국, 아프리카(남아프리카공화국)와인이 출현하여 성스러운 포도주가 밀려나고 말았다. 내가 흠모하는 포도주는 '신구약' 생명수이다.

지금까지 내가 마신 와인은 알코올(술)이었다. '성찬식 합시다.' '항암제 복용' 운운하며 거들먹거렸던 궁색한 변명을 그만둔 지 오래되었다. 그 자리에 막걸리가 앉았다. 게다가 항암 요소가 와인의 100배나 들어 있다니 내가 솔깃하지 않을 수 없었다.

막걸리는 조지아산 포도주같이 성스럽지는 않아도 자연환경을 생각하고 조상 대대로 이어온다. 포도 대신에 우리나라 쌀로 만들고 항아리도 사용한다.

그런데 문제가 여전히 남아 있다. 내 선교지 방글라데시는 술을 금지하는 이슬람국가이고, 유럽(벨기에) 지배국이었던 D.R.콩고는 유럽 맥주와 와인이 있으나 비싸다. 막걸리는 아예 없다. 만들 수도 없다. 어찌하나.

막걸리에 든 알코올 성분이 오히려 간과 췌장을 손상시켜 암 발생을 촉진할 수 있다니 항암제 복용을 그만두어야겠다. 그 항암 요소를 다른 방법으로 대체 복용할 것인가. 아니면 조지아산 포도주를 수입해서 복용할 것인가. 모두 궁색한 변명이다. 상시 복용은 이제 접어야겠다.

교회 성찬식 때처럼 어쩌다 기회가 있을 때 예수님의 그 포도주 예찬을 떠올려야겠다. 이게 나의 진정한 항암제일 것 같다. 내 목에서 항상 나와 함께 하는 나무 십자가를 기억하며.

펄떡이는 파장(罷場)

눈꺼풀이 하염없이 내려앉는다. 하품으로 목구멍이 들여다보인다. 하마도 집어삼킬 듯하다. 눈물까지 흥건하다. 창피 따위를 염두에 둘 겨를이 없다. 으스름달 아래 가까스로 열었던 장(場)이 이제 닫을 시간이 다가온다. 목청이 떠나가라 드높이던 장수 목젖도 부어간다. 모두 지쳐가는 시간이다. '떨이 쪽지'가 들썩들썩할 시간이다.

한여름에도 이 시간쯤이면 겉옷을 하나 더 걸쳐야 한다. 태양볕도 한풀 꺾일 시간이다. 채소 파는 장(場)돌뱅이 부부는 미리 써 놓은 떨이 가격표 딱지를 만지작거린다. 오랜 경험으로 익히 알고 있는, 교과서에 나오지 않는 이른바 '경험가격'이다.

오늘 새벽 채소밭에서 밀레의 「만종」 부부 주인공이 되어 감사하는 마음으로 정성껏 뽑았다. 입김 호호 불며 서둘러 짐차에 가득 싣고 달려왔다. 제 자리 잡자마자 낯익은 새벽 그림자가 비친다. 늘 이 시간이면 찾아오는 단골손님은 깎아달라는 한마디 없이 듬뿍 사가는 '큰손님'이다.

'마수는 깎지 않는다'는 걸 아는 멋진 손님, 어느새 서로를 믿는 사이가 되었다. 오늘 멋진 새벽 마수가 무지개색 천막을 종일 비춰 흥겨운 하루를 보냈다. 첫 마수 단골손님에게 감사하며 오늘을 마무리할 시간이다. 그 「만종」 주인공처럼.

5,000원 받던 채소가 한 무더기에 3,000원. 이 무렵이면 나타나는 알뜰 주부의 시선을 사로잡아야 하는 '경험가격'이다. 팔리지 않은 채소가 아깝다고 그냥 가져갈 수 없다. 신선도가 떨어져 내일 다른 오일장에 내다 팔 수도 없다. 집으로 가져가 겉절이 해 먹는 것도 물린 지 오래다.

손님에게 선택받지 못한 녀석들, 내 옆을 굳게 지키고 있다고 마냥 대견스럽게 여길 일이 아니다. 채소는 내 새끼들처럼 애지중지 키운 녀석들이다. 새 주인 따라간 녀석은 녀석대로, 남아 있는 녀석은 녀석대로 짠하기는 마찬가지이다. 이게 자식 키우는 부모 마음일 것이다.

떨이를 시작한 지 반 시간, 마지막 한 번 더 미련 없이 가격을 내려본다. 한 무더기 과감하게 2,000원. 이 가격도 사실상 500원은 남는다. 밑지고 판다는 말은 거짓이다. 욕심을 내려놓으면 집으로 가는 길이 가볍다.

남은 채소 새 임자는 더 이상 나오지 않을 듯한 시간, 이제는 정말 짐을 꾸려야 한다. 새벽 '반짝 시장'은 여닫는 시간이 정해져 있다. 하지만 오일장은 그런 정해진 시간은 없다. 약속된 시간을 자율적으로 지키면 된다.

자기 가게가 없는 보따리장수는 짐을 싸서 싣고 집으로 가는 시간을 계산해야 한다. 시든 채소 누런 이파리 떼어내고 물 촉촉이 적셔 상자에 차곡차곡 쌓는 아저씨 아주머니. 혹시 마지막 손님 뛰어올까 한 번 더 큰 소리 질러본다. "어, 떨이요 떨이. 한 무더기에 2,000원."

이제는 진짜 천막을 걷어야 할 시간이다. 평일에는 주차장으로 사용하는 공터에 오 일마다 장이 선다. 보이지 않는 선으로 구역이 그어져 있다. 장사 도구는 일체 스스로 가져와야 한다. 맨 마지막에 걷는 것이 천막이다.

새벽에 하나둘씩 펼쳐졌던 무지개색 천막이 서서히 걷힌다. 무지개는 평화를 상징한다. 행운의 뜻도 있다. 비(rain) 온 뒤 하늘에 활(bow) 모양으로 뜨는 무지개(Rainbow)를 보는 것은 행운이다. 지혜로운 알뜰 주부가 무지개 천막이 걷히기 직전에 '떨이'를 차지하는 것도 행운이다. 장수들도 무지개 천막을 접고 집으로 돌아가는 길은 꽃길만 같을 것이다.

새벽이면 하나둘씩 밀물처럼 펼쳐지던 무지개 천막이 저녁이면 썰물처럼 타다닥타다닥 소리 내며 걷힌다. 태국 매끌렁 기찻길 시장의 천막을 방불한다. 매끌렁 선로에 기차가 들어오면 천막이 썰물처럼 걷혔다가 기차가 지나가면 밀물처럼 다시 펼쳐지는 광경이 장관이다.

매끌렁 시장 무지개 천막은 하루 여러 차례 펼쳤다 걷혔다를 반복한다. 하지만 오일장 무지개 천막은 한나절이 지나 어둑어둑해져야 걷힌다. 오일장 무지개색 천막이 썰물처럼 걷히면 시장은 원래의 모습으로 돌아간다. 조금 전까지 그곳에는 삶의 외침이 있었고 훈훈한 사람 냄새가 있었다.

오일장에서 장사하던 아주머니는 잠시 남편에게 맡기고 구석구석 돌아다니며 장을 본다. '떨이'의 정황을 잘 알기에 내 물건을 '떨이'하다가도 식구들을 위해 '떨이장'을 둘러보는 것을 잊지 않는다.

장이 파하는 시간은 내일 새로운 시작을 알리는 시간이다. 저녁노을이 산 너머로 지는 붉은 모습은 태양이 낮 동안 일하다가 잠시 쉬러 들어가는 환송의 시간이다. 오늘 파한 장은 닷새 후에 다시 선다. 태양도 쉼의 시간이 끝나면 내일 다시 떠오른다. 파장은 끝이 아니라 새로운 시작이다.

오늘 새벽 시작하여 어스름한 시간에 파장한 오일장은 뭇사람의 삶에 활력을 주고 떠나고 있다. 오늘 마감한 이 장은 닷새 후에 또 어떤 삶의 모습을 보여줄까. 오늘 아침에 뜬 해가 내일 아침에 변함없이 다시 뜨듯이 이 장도 닷새 후에는 변함없이 열리리라.

태양은 언제나 같은 얼굴이지만 오일장 손님들은 새로운 손님들로 북적인다. 이른 아침에는 손님도, 장수도, 태양도 활기찼다가 저녁에는 모두 지친다. 그만큼 열심히 일했다는 증거이다. 갓

잡은 생선이 펄펄 뛰듯이 새벽 오일장도 펄떡이는 삶의 현장이다. 이게 하루하루를 충실하게 지낸 보통 사람 삶의 풍경이 아닐까.

오일장은 노벨문학상에 도전하고 있는 나에게 펄떡이는 글 소재를 떠오르게 해 주는 친구이다. 내 '큰꿈'을 이루기 위해 삶에 활력을 불어넣어 주는 인도자이다. 다음 오일장은 나에게 어떤 신선한 노벨상 소재를 안겨줄까.

나의 진인사득천명

나는 1981년 봄, 갓 서른 살이 되어 대학생을 가르치며 연구하는 무역학자가 되었다. 2017년 8월 말, 정년 퇴임할 때까지 근 36년 동안 십 년 주기로 새로운 분야를 개척하여 나만의 '블루오션'을 구축했다. 다른 사람들이 거들떠보지 않는 분야를 개척하여 시쳇말로 '잘 나가고 있다.'

나의 첫 번째 블루오션은 박사학위 주제였다. 나는 학위 논문 주제를 '국경을 넘나드는 환경공해를 규제하면 무역(수출과 수입)에 어떠한 영향을 미칠 것인가'로 삼았다. 1984년이다. 공해 문제를 무역에 접목하는 '최초'의 연구 주제였다.

당시 나는 자원 및 환경경제학으로 널리 알려진 미국 오스틴에 있는 텍사스주립대학교로 유학을 준비하고 있었다. 그런데 그 대학은 순수 환경경제학을 다루고 있어서 선뜻 마음에 내키지 않았다. 당시 뉴욕대학교에 잉고 월터(Ingo Walter) 교수가 내 연구 주제에 맞는 분야를 연구하고 있었다. 하지만 뉴욕대학은 사립대학이라 학비가 지나치게 비싸 유학을 포기할 수밖에 없었다. 이때 우리나라에도 공해 문제를 연구하는 교수가 한 분 있음을 알고 다행으로 여겼다.

그분은 국내 공해 문제를 다루던 유일한 분이었다. 나는 그분에게 박사 연구 주제, '초국경 공해 규제가 무역에 미치는 효과'(An Effects on Transnational Pollution Regulation of International Trade)를 논의했다. 그 교수가 말렸다. 당시 우리나라는 경제성장에 올인하고 있었다. 환경공해 문제를 다루면 '굶어 죽기 딱 맞다'는 논리였다.

하지만 나는 견해가 달랐다. 논리를 차근차근 설명했다. "교수님, 5~6년 후 제가 학위 받을 때는 분명히 환경공해 문제가 부각 될 수밖에 없습니다." 그 교수는 내 논리를 듣더니 고개를 끄덕이면 추천서에 사인했다.

1990년에 들어서면서 전 세계가 환경공해 문제 해결에 머리를 맞대기 시작했다. 1992년 브라질 리우에서 개최된 '유엔환경개발회의'(UN Conference on Environment and Development)에서 21세기 지구 환경 시대의 새로운 패러다임으로 '환경적으로 건전하고 지속가능한 개발(Environmental Sound and Sustainable Development:ESSD)'을 선언했다. 국제상황에 맞춰 우리나라도 1980년 환경청에서 1990년 환경처, 1994년에 환경부로 승격했다. 나는 부총리 겸 장관급으로 격상해야 하는 논리를 설파했다. 나의 첫 번째 블루오션은 대박을 터뜨렸다.

바로 이어서 두 번째 블루오션을 준비했다. 1990년 소련이 해체되는 대형 사건이 발생했다. 이 사건으로 곪을 대로 곪은 동유럽이 봇물 터지듯 '자유민주주의국가'로 선회하기 시작했다. 이때 국내 많은 학자가 동유럽에 눈을 돌리기 시작했다.

하지만 나는 그 레드오션에 투망하기보다 블루오션을 찾았다. 북한의 경제와 무역 문제였다. 소련이 무너지고 중국도 사회적 시장경제를 채택하고 동유럽이 개혁개방을 하면 북한도 개방이 불가피할 것으로 판단했다.

예상대로 북한도 중국을 쫓아 정치는 놔두고 경제만 일부 개방하기 시작했다. 나는 이를 대비하여 그동안 베일에 감춰져 있던 북한의 경제와 무역을 샅샅이 뒤지기 시작했다. 나는 이 분야에서 우리나라에서 독보적인 존재로 부각하였다. 두 번째 대박을 터트렸다.

세 번째는 '신북한이탈주민정책'을 주장하여 이름을 날렸다. 전문 서적인 『통일정책으로서의 북한이탈주민정책』을 출간하여 청와대, 정부 등 전국에 보냈다. 미국 캘리포니아주립대학교 객원교수 1년을 보내면서 한인사회를 상대로 북한 이탈주민들을 통일정책 차원에서 다루어야 함을 역설했다. 한국일보 미주판에서 객원 논설위원으로 위촉받아 격주로 탈북민 관련 논단을 게재했다.

네 번째는 다문화정책으로 눈을 돌렸다. 인구가 줄어들고 있는 우리나라는 다문화인을 단순히 노동력 차원에서 다루어서는 안 된다. 늙어가는 우리나라 인구문제 해결을 위한 차원에서 바라보아야 한다는 '인식의 전환'이 시급함을 주장하였다.

대학에서 정년 퇴임할 때까지 10년을 주기로 네 번의 대박을 터트린 것이다. 2017년 8월 31일 은퇴 즉시 주어진 사명인 선교사 활동을 지속하기 위한 수단으로 자동차 바퀴 네 개를 전부 갈았다. 시인, 수필가, 수묵산수화가, 목판화가로 활동하고 있다.

수년 이내에 다섯 번째 블루오션에서 어떠한 대박을 터뜨릴지 나도 궁금하다. 그 대박에 관해서는 하나님만 아실 것이다. 하나님을 회화로 전파하는 국전 초대작가, 바울처럼 선교 여행작가가 되기를 희망할 따름이다.

나의 '도미네 쿠오바디스'

창세기 아담과 하와(영어 이름 Eve 이브)의 신혼생활을 파괴한 사탄은 지금도 세상을 휘젓는다. '창세기 사건'은 창세기로 끝난 게 아니다. 여전히 코로나-19처럼 변이되어 꼬리를 물고 달려든다.

세상의 길은 겉으로 보기에는 좋게만 보인다. 겉모양에 속아 넘어가지 말아야 한다. 그 길이 달콤하다고 덥석 받으면 창세기 사건이 또 일어난다. 주 예수 그리스도가 걸어가신 길이 험난하게 보여도 사실은 행복한 길이다. 그래서 지금도 뭇사람들이 그 길을 따라간다.

내 삶의 시간표대로 살지 말자. 요셉처럼 하나님의 시간표에 따라 살아보자. 마귀가 길들여 놓은 나의 칠십 년 체질을 확 바꾸고 싶다. 믿음은 들음에서 난다. 들음은 그리스도를 선포하는 예배 속에 존재한다. 예배 속에서 숨을 쉬면 성령의 역사가 시작된다.

성령은 받으려고 해서 받아지는 것이 아니다. 믿고 싶다고 해서 믿어지는 것도 아니다. 성령은 아무도 모르게 내 마음속에 이미 들어와 있다. 다만 그것을 알아채지 못하고 있을 따름이다.

내가 나의 길을 헤매면 그분이 어디 계신지 알지 못한다. 내가 나를 잃어버렸기 때문이다. 나의 예수님은 베드로가 버린 로마의 그 양들을 찾으러 다시 십자가에 못 박히러 가셨는지 모른다.

요즘 나는 하루가 다르게 무기력해지고 기운도 달린다. 온몸이 마비된 채 쇠사슬로 꽁꽁 묶여 있다. 혼자서는 아무것도 할 수 없다. "주여, 왜 나에게 이런 시련을 주시나이까!" 나이가 많아서가 아니다. 순간순간 교만에 허덕이는 내가 부끄럽다.

내가 괴로워할 때, 하나님은 나보다 더 괴로워하신다. 하나님은 내가 하나님을 제대로 보지 못하여 나를 원망하고 있는 내가 더 안타까워 눈물 흘리신다. 내가 괴롭다고 하나님을 원망의 대상으로 소환해서는 안 된다. 간절한 조난신호(SOS)로 구원 요청을 해야 한다.

하나님과 나는 멀고도 먼, 이루어질 수 없는, 상상 속의 허무한 관계가 아니다. 서로 존중하는 인격적 관계다. 하나님은 나를 만드셨고 나는 하나님의 자녀다. 인격적 관계는 바라보는 인식이 중요하다.

나를 낳은 나의 육신의 아버지를 생각해 보면 쉽다. 내가 괴로워할 때 육신의 아버지 가슴은 꽉 막힌다. 하물며 신앙의 아버지는 오죽하랴.

나의 나날은 하나님을 필요로 하는 삶이어야 한다. 하나님이 나의 삶에 늘 들어와 계셔야 한다. 그분의 개입을 갈망하는 삶이어야 한다. 그런 삶은 복된 삶이다. 복된 삶은 자기 죄를 발견하게 한다. 나는 지금 누구를 바라보며 살아야 하는가.

나의 교만이 하늘 끝까지 솟구쳐 하나님의 마음을 찌르지 않아야 한다. 나로 인하여 찔린 하나님은 눈물을 흘리신다. 아픔의 눈물이 아니라 교만에 대한 착잡한 눈물이다. 내가 힘들 때, 나보다 더 힘든 이와 함께 손잡고 한걸음 함께 갈 용기를 갖고 싶다. 하나님은 사람을 창조할 때 하나님의 도움을 늘 필요로 하도록 완약하게 빚었다.

예수님은 우리의 부족함을 채우시는 따뜻한 마음을 가지셨다. 나도 예수님과 같은 따뜻한 심장을 가진 이웃으로 거듭나고 싶다. 이러한 회심(回心)은 베드로에게 일침을 가한 예수님으로부터 배운다.

로마 황제 네로가 기독교를 못살게 괴롭혔던 당시, 로마 권력자(집정관)의 여인들이 베드로로부터 순결에 관한 설교를 들었다. 그 후 그들이 권력자들과 동침을 거부하자 권력자들은 베드로를 증오하여 죽이기로 공모하였다. 이 위험을 알아챈 믿음의 신도들이 베드로에게 로마 탈출을 권유했다.

생명에 위협을 느낀 베드로가 신도들을 남겨둔 채 몰래 로마를 거의 벗어나려는 순간이었다. 이때 베드로는 부활하신 예수님이 로마에 들어오시는 것을 보았다. 물론 환상이다. 베드로가 예수님께 묻는다. “주여, 어디로 가시나이까? 도미네 쿠오바디스” “네가 로마 어린 양들을 남겨두고 떠나려 하니 내가 십자가에 다시 매달리려고 로마로 들어간다.”

순간 베드로는 망치로 머리를 탁 얻어맞은 듯 눈앞에 별이 번

쩍했다. 베드로는 그 자리에서 즉시 로마를 향해 다시 발길을 돌렸다. 끝내 십자가에 거꾸로 매달려 순교했다.

혹시 선교사인 내가 저 베드로 같은 사람이 아닐까. 코로나 핑계로 선교지 방글라데시, D.R.콩고로 돌아가지 않고 있는 '내'가 말이다. 현지 선교사 대부분이 나처럼 일시적으로 귀국하였다고 스스로 위안하고 있는 것은 아닐까.

이 순간에도 그곳 나의 선교지에는 목회 선교사들이 그대로 남아 있다. 나는 지금 국내에 체류하면서 선교 활동을 하고는 있다. 내가 돕던 목회 선교사들에게 위탁하여 나의 선교 시설과 이웃들에게 선교헌금을 보낸다. 이 정도를 가지고 나를 '선교사'라고 불러도 '예'라고 당당하게 대답할 수 있을까.

나는 베드로가 아니다. 베드로는 로마를 완전히 벗어나려는 순간 회개하고 선교지 로마로 되돌아갔다. 그리고 곧 순교하였다. 나는 코로나-19로 발이 묶여 선교지로 돌아가지 못하고 있다.

내년 봄이면 온 세계가 코로나에서 해방될 수 있다고 기대한다. 내가 외국 선교지에 있든 국내에 있든, 베드로처럼 선교 활동하다가 순교하고 싶다. 나는 어디서나 베드로의 고백을 잊지 않을 것이다. 베드로의 고백은 하나님을 향한 '나'의 고백이다.

나는 선교지 목회 선교사를 돕는 '리베로 선교사'라고 하나님께 늘 고백하고 있다. 나는 평신도 선교사로서 하나님을 부르짖다 순교한 스테반 집사이고 싶다. 스테반 윤 선교사.

"주여, 어디로 가시나이까, 도미네 쿠오바디스."

나의 친정

친정은 남자에게도 있다. 여자가 결혼하기 전까지 지내던 집(친정)이 친숙하고 아늑하듯이 남자가 결혼하기 전까지 살던 집(본가)도 편안하고 푸근하다.

그런 남자에게 본가보다 더 편안한 곳이 있다. 남자가 결혼하면 아내가 친정이고 아이들이 생기면 가정이 친정이다. 아무리 힘든 일로 머리가 지끈거려도 집에만 오면 사라진다. 이곳이 남자의 친정이다.

나의 친정은 또 있다. 내 서재가 친정이다. 서재에 들어서면 밖이 파노라마처럼 내다보이는 유리창이 영화관처럼 보인다. 책상 위에는 두 대의 컴퓨터가 있다. 왼쪽 모니터는 주로 시와 수필 작성용이고, 오른쪽 모니터는 국어사전으로 이용한다. 컴퓨터 이외에도 시와 수필을 가득 채운 책꽂이, 아내와 아이들 사진 등 친숙한 '나의 뜨락', 친정이 함박꽃으로 피어 있다.

얼마 전에 어느 기성 작가가 문학작품이나 그림 개인 전시회는 공개 발표를 해야 수준이 업그레이드된다고 격려하였다. 그 격려를 곧이곧대로 받아들여 시인으로 등단한 지 1년 만에 첫 시집 『나무도 보고 숲도 보고』을 출간했다. 또, 1년 만에 두 번째 시집 『천마리 학을 접는 마음』을 출간했다. 다시 두 달 만에 첫 수필집 『그냥 혔어』를 펴냈다. 문학 작품집 세 권이 모두 문학이라는 친정에서 출산한 것이다. 독자들의 반응이 점점 나아지는 분위기이다.

친정이 하나 더 있다. 화실이다. 그림 그리는 작업실로서 갤러리를 겸한다. 내가 갤러리 이름을 지었다. '비조븐 갤러리 윤, Bizobun Gallery YOON'이라고. 그림 그리기를 처음 시작할 때는 방 한 칸짜리 쪽방(원룸)에서 시작했다. 그야말로 비좁은 작업실이다. 갓 시집간 새색시처럼 세간살이가 별로 없었어도 그런대로 작품이 나왔다. 수묵화를 하면서 동시에 목판화도 시작했다.

그림 그리기 시작한 지 일 년도 채 안 되었지만 '도전해야 큰다'는 격려로 전국 공모에 응모했다. 산수화와 목판화 부문에 응모하여 여러 번 입상하였다. 입상은 입선이 위주였으나 특선도 했다.

가장 작은 규모의 전국미술대전인 '보문미술대전'을 시작으로 '대전광역시미술대전', '경기도미술대전', '구상전', '대한민국미술대전'으로 도전의 수위를 높여갔다. 판화는 대한민국미술대전에서 두 해 연속 입선하였다. 모두 화실이라는 친정에서 출산한 자녀들이다.

그런데 수묵화의 경우 시간이 흘러도 입상 수준이 올라가지 못한다. 미술 세계에서 장르의 구분이 모호함을 알았다. 서양화와 동양화, 중국화와 한국화, 유화와 수채화의 구분이 아직 분명하지 않다. 게다가 한국화의 범위와 구분도 모호하다.

나는 수묵화를 좋아하는데 장르가 없어 한국화에 포함되어 있다. 수묵화는 아직 정의가 분명하지 않은 한국화와 화법이 사뭇 다르다. 한국화는 물감이 주요한 재료이지만 수묵화는 먹이다. 붓으로 그린다는 것만 같을 뿐 붓 모양도 전혀 다르다.

수묵화도 산, 나무, 바위, 폭포로 구성되는 수묵산수화, 들과 야외를 주로 그리는 수묵화, 바다를 주 대상으로 하는 수묵화가 있다. 이 중에 수묵산수화가 전통적인 수묵화이다.

수묵화도 먹물의 농담으로만 원근과 입체감을 나타내는 순수 수묵화가 있고, 색을 약간 가미하는 수묵담채가 있고, 색을 화려하게 칠하는 수묵채색이 있다. 수묵채색은 유화와 다를 바 없다. 나는 화려한 색을 칠한 그림을 좋아하지 않는다. 아내의 화장처럼 들키지 않을 정도로 엷은 색으로 칠한 듯 안 칠한 듯 보이는 담색을 좋아한다.

전국대회에서 내 순수수묵화나 수묵담색화 작품이 빛을 보지 못하는 이유는 한국화만큼의 화려한 수묵채색화가 아니기 때문이다. 전통적인 수묵화 세계는 먹을 칠하지 않은 흰색 부분이 1/3~1/2를 남겨두도록 요구한다. 이 공간은 '관람자'가 채워 넣을 수 있는 자리이다.

물감을 많이 사용하는 수묵채색, 한국화, 유화는 여백이 없다. 작가가 다 그려버렸기 때문에 관람자는 그냥 구경만 한다. 하지만 수묵화는 수묵채색화이나 유화와 화법이 다르다. 그래서 서양화는 그림을 '본다, 구경한다'고 하지만 수묵산수화는 그림을 '읽는다'고 한다.

하지만 내가 초대작가가 되기 전까지는 심사위원의 입맛에 맞추어야 한다. 2022년 대전광역시미술대전과 대한민국미술대전에서 수묵채색이나 한국화 수준으로 물감을 많이 사용하였다. 한국화 전공자들이 심사위원으로 위촉되기 때문에 역시 예상대로 입상하였다. 전국 공모 미술대전의 경쟁은 적도만큼 뜨겁다. 경쟁에서 선택되려면 할 수 없이 한국화 심사자들의 평가 기준에 따라야 한다.

나의 뜨거운 선교지 방글라데시와 아프리카 D.R.콩고는 건조하다. 태양이 뜨겁더라도 그늘에만 들어가면 시원하다. 우리나라는 습하여 땀으로 고생한다. 후덥지근한 한여름에 코로나-19로 마스크까지 달고 다니니 짜증이 난다.

이럴 때 나는 발길이 저절로 친정으로 향한다. 친정(親庭)은 글자 그대로 '친숙한 뜨락'이다. 분위기가 익숙하여 평안한 곳이다. 내 서재가 친정이고, 화실도 친정이다.

오늘도 장맛비가 예고되어 아침부터 후덥지근하다. 세 번째 친정인 수필창작교실로 가는 날이다. 아내는 아이 업고 버스 타고

지하철 타고 땀을 뻘뻘 흘리더라도 마음 편한 ‘친정에 간다’는 그 기대만으로 발걸음은 가볍다. 나의 문학 친정 가는 마지막 익선동 골목길에 들어서면 벌써 발걸음이 사뿐사뿐하고 더위가 사그라진다. 친정이 저기 보이니까.

남성들이여, 친정을 가졌는가. 땀방울도 씻어 주고 짜증도 다독여주는 나만의 그 오아시스를….

아내의 외침

TV에서 대통령이 지명한 장관 청문회 현장이 나오면 아내는 밖으로 나가버린다. 나도 잠깐 있다가 TV를 꺼 버린다. 밖으로 나가 아내 옆에 나란히 선다. 아내와 나는 멀리 보이는 남산 탑을 바라오며 아무 말 없다. 울화통이 터지기 때문이다.

한결같이 세금 포탈, 아빠 찬스, 부동산 투기, 뇌물 공여, 부정 청탁 질문에 떳떳하게 나서는 자 하나도 없다. 아내의 어깨에 손을 얹는다. 그냥 침묵만 흐른다.

우리나라 헌법은 국민이 이행해야 할 6대 의무를 명시한다. 이 중에서 4개가 일반적인 의무이다. 납세, 교육, 국방, 근로의무이다. 이 중 교육과 근로는 의무이자 권리이기도 하다.

아내는 종종 평생 “여보, 당신만 한 착한 사람 못 봤다”고 읊조린다. 지나는 사람이 그렇게 중얼거렸다면 ‘바보, 천치’를 에두른 말이다. 하지만 아내는 성실한 내 남편을 자랑스럽게 여긴다는 궁지이다. 그러면서도 눈언저리가 글썽인다. 세상에 대한 하소연이다.

나는 아내 눈치 보며 조용히 입을 연다. "여보, 그래도 이 세상에 나쁜 놈보다 착한 사람이 더 많아 우리 사회가 존재하는 겁니다. TV는 나쁜 소식만 쏙 뽑아 방송하는 게 속성이지요. 그래서 날마다 언론이 지탄받지 않습니까." 아내는 내 품에 지긋이 안긴다. 나는 말없이 어깨를 토닥거린다.

아내는 대학을 졸업하였고, 두 아이도 대학을 졸업했다. 교육 의무를 다했다. 아들은 카투사에서 만기 제대하였다. 아내는 근로도 하였고 지금은 다른 일을 하고 싶어 새로운 일터를 찾고 있다. 아내는 세금 납부 기한을 놓쳐 가산세를 낸 적은 있어도 체납한 적은 없다. 우리 부부는 떳떳하게 산다.

아내가 속상해하는 것은 의무를 이행하지 않는 자가 고개 쳐들고 자랑스럽게 다니는 것을 보고도 누구도 탓하지 않는다는 점이다. 우리 네 식구 살림살이에 빠듯한 남편인 나의 봉급 봉투를 받는 날이면 집안이 침묵이 흐른다.

봉급 봉투를 받아든 아내는 일단 고맙다고 말하고 슬그머니 건넌방으로 들어간다. 이번 달에는 혹시나 하고 돈을 세 본다. 역시나 하며 한숨짓는 소리가 내 귓전까지 들린다.

제20대 대통령 선거 전 문재인 정부는 부동산시장에 대해 강력한 경고를 내렸다. 문재인 정권 교체가 위태로웠던 당시 우리 부부는 순진하게 한 해를 마감했다. 30년 넘게 팔리지 않던 나대지를 헐값에 팔았다. 아내와 내 이름으로 각각 등기된 오래된 아파트도 헐값에 팔지 않을 수 없었다. 그런데 지나고 보니 권력자들은 꿈쩍도 하지 않았다. 허탈했다.

진보층 대통령 후보는 표를 의식하여 부동산과 동산이 평균 이상인 자들은 모조리 세금으로 거둬들여 서민복지에 투입하겠다고 선언했다. 보수층 후보는 배운 자, 가진 자, 민주주의를 지키려는 의식이 있는 자들을 향하여 목소리 높였다. 우리는 거둔 세금을 정당하게 사용한다면 지금까지처럼 성실하게 세금을 내겠다고 다짐했다. 하지만 아무래도 윤 정권, 윤 정부 탄생이 불안했다.

그동안 생각에만 머물렀던 투자 이민을 심각하게 고민했다. 정부에 돈을 빼앗길 바에야 불우한 이웃에게 주는 게 낫겠다고 생각했다. 재산을 모두 정리하여 집 한 채만 남겨놓고 떠날 준비를 하였다.

다행히 정부와 정권을 한꺼번에 교체할 기회가 왔다. 하지만 정부만 교체되었을 뿐 정권은 여전히 전 정부 그대로다. 남은 정권을 야금야금 교체하려고 하니 반항이 거세다.

부정과 부패로 찌든 이불을 걷어내려는데 붙들고 놓지 않는다. 이불 속에 감춰둔 부조리 썩는 냄새가 코를 찌른다. 썩은 것들이 하나둘씩 드러나면 완전히 새 이불로 바꿔야 한다. 냄새가 진하게 배어 홑이불만 갈아 끼워서 될 일이 아니다.

전 정부는 비록 선거에서 패배하더라도 정권은 놓지 않으려고 안간힘을 썼다. 전 대통령이 임기 말에 임명한 최고 고위직 장관들이 버티고 나가지 않는다. 당사자 스스로가 당장 그만두고 싶어도 전 정권 압력 때문에 고달픈 나날을 연명한다. 언론도, 기업도, 교원도 노동조합이 장악하고 있다. 이들은 전 정권이 심어 놓은 세력들이다. 요즘 TV 내용을 곧이곧대로 믿어서는 안 된다. 국민 통계조사도 방송도 신문도 한결같이 거짓이 난무한다. 이것을 모두 갈아엎으려면 상당한 진통이 뒤따를 것이다.

밖으로 나갔던 아내가 진정하고 다시 방 안으로 들어왔다. 이제 투자 이민 갈 생각 접었단다. 전 정부가 정권까지 완전히 교체할 때까지 돕겠다고 한다. 광화문 광장에서는 매주 토요일 보수단체 집회가 열린다. 윤석열 정부의 완전한 정권 교체를 지지하는 커다란 버팀목이다. 그날까지 아내는 외칠 거란다.

우리 부부는 공동명의로 아파트 한 채를 가지고 있다. 유일한 부동산이다. 이것을 기준으로 정한 각종 세금과 비싼 국민건강보험료를 군소리 없이 다 내겠다고 외친다. 윤석열 후보자를 굳게 믿는다. 그러므로 현 윤석열 정부도 일 잘하기를 응원한다.

아내는 윤석열 정부가 일을 잘하여 다음에도 계속 이어지기를 학수고대하며 외친다. 아내의 만세 삼창이다. “대한민국 만세!” “윤석열 정부 정권 만세!” “대한민국 세금 만세!”

5

요비링

전국 동안(童顔) 선발대회

내가 갓 대학생이던 1971년, 전국 우량아 선발대회가 열렸다. 태어난 지 6개월에서 24개월 된 아기가 대상이었다. 그 당시 여느 아기 못지않게 우량아였다는 나도 출전할 수 있었을까? 아니다. 엄마 젖을 먹어서 안 된다.

그때는 삶이 팍팍해 엄마 젖도 부족하던 시절이었다. 엄마들은 분유 먹여 토실토실한 아이를 부러워하였다. 어느 방송사가 주관하고 민간 회사가 후원하다 보니 상업성이 짙어갔다. 점차 우리네 삶이 나아지자 모유 먹이는 아기를 대상으로 하는 '건강한 아기 선발대회'로 바뀌었다. 드디어 출전이 가능했던 나는 이미 훌쩍 커버려 자격이 상실되었다.

선발 기준은 신체 조건만이 아니었다. 엄마와 아기의 애착 정도, 뒤집기 실력, 기어가기, 혼자 오래 서기, 걸음마 등을 모두 잘해야 등수 안에 들 수 있었다. 나도 그때 출전했더라면 일등감이었을 텐데.

이 우량 아기들이 자라 서른 살이 넘었을 2006년부터 2011년까지 전국 동안 대회가 쌈빡 열렸다. 설날과 추석 즈음에 어느 방송사가 시청자 참여 프로그램으로 시도한 대회였다. 무려 삼천여 명이 지원하여 열두 명이 결승에 올랐다. 경쟁률이 무려 260 대 1. 결승에 오른 자는 상금 일백만 원씩도 거머쥐었다.

우승자는 화장품 모델로 선발되는 기회를 얻고, 동안(童顔) 비밀을 공개하는 특별한 프로그램 기회도 거머쥐었다. 신청자들이 너 나 할 것 없이 한결같이 가슴 조이던 프로그램이었다.

2006년에는 46세, 2007년에는 51세, 2008년에는 41세, 2009년에는 39세, 2011에는 70세가 우승을 차지했다. 어, 70세! 눈이 번쩍 떠진다. 지금 내 나이다.

어리게 보이는 얼굴은 어떤 얼굴일까? 얼굴 각 부분의 구성비가 어린이와 비슷할수록 어리게 보인단다. 얼굴을 이마(상안), 눈썹에서 코끝(중안), 코끝에서 턱끝(하안)까지 세 등분할 때 어린이는 상안이 길고, 어른은 하안이 길다. 성장하면서 얼굴이 아래쪽으로 길어진다.

나이 든 사람이 코 길이가 짧으면 동안으로 보이고, 하안이 덜 발달하면 동안으로 보인다. 여기에 피부 상태까지 더하면 동안이 나이를 깜빡 속인다.

선발대회에 피부과 의사와 가정의학과 의사가 나와서 재미있는 이야기를 들려주었다. 그들은 동안(童顔)을 갖고 싶은 이들에게 한 마디씩 던졌다. 동안은 타고나기도 하지만 노력에 따라서 만들어지기도 한다고. 십 년 젊게 보이는 수면 자세, 목주름을 없애는 목 운동법, 젊어지는 음식, 스무 살 어리게 보이게 하는 세수 묘법 등이 단골 메뉴였다.

요즘 나는 뭇사람들로부터 동안이라는 말을 자주 듣는다. 고등학교 동창회에 나가면 새카만 후배가 여기 웬일이냐고 한마디씩 날린다. 지하철 경로석에 당당하게 앉아도 팔순 노인들이 '젊은 놈이 주책없이 여기 왜 앉았냐'는 듯 눈총이 따갑다.

도로 운전이 좀 서툴다고 젊은 운전자들이 욕지거리를 내뱉고 휙 가 버린다. 아들뻘들이다. 얼굴로 당하는 수난에도 불구하고 내 얼굴은 들은 척도 하지 않는다. 매년 그냥 그대로다. 나의 이 동안은 언제까지 지속될까.

수염을 길러볼까 해 봐도 소용없다. 수염이 염소 털만큼 뿐이니 지저분하기만 하다. 내 할아버지 구레나룻을 왜 닮지 않았을까. 어떻게 하면 제 나이로 보이게 할 수 있을까. 정말 이 동안(童顔)이 동기생들에게는 부러움으로 보일까.

아니다. 기죽을 일이 아니다. 하나님이 부모님을 통해 주신, 있는 그대로 살자. 건드리지 말자. 오히려 감사하자. 자동차도 출고 상태 그대로가 가장 좋은 컨디션이라고 하지 않은가.

아침마다 세수하면서 거울을 쳐다본다. 나는 '동안'으로 보인다는 말에 굳이 손사래 치지 않는다. 나는 실제로 '동안'이다. 사람은 몸속의 건강 상태가 얼굴에 드러난다. 얼굴색, 피부색이 맑다는 것은 몸속 탈이 적다는 뜻이리라.

'동안'인 나에게는 남모르는 일상이 숨어 있다. 매일 새벽 5시 반이면 어김없이 일어나 새벽기도를 한다. 일어나자마자 화장실에 간다. 정해진 시간에 꼬박꼬박 식사한다. 세수 직후 버릇처럼 스킨로션을 바른다.

음식물 섭취 후 즉시 칫솔질한다. 한 시간 여유가 있으면 피로를 풀러 사우나에 간다. 두 시간 여유 있으면 학교 앞 요양원에 가서 봉사 활동한다. 모든 일에 무리하지 않으려 애쓴다. 수십 년이 되어 습관이 되었다.

스트레스가 들어오면 얼른 밖으로 내보낸다. 눈이 두 개, 귀가 두 개, 콧구멍이 두 개가 달린 이치를 잘 활용한다. 좋지 않은 것을 보면 눈 감는다. 불의를 보면 세 번 참다가 쫓아가 해결하고 만다. 사회의 약속을 잘 지키려고 애쓴다. 거리에서 걸인을 보면 지나치지 않는다.

문학 활동을 게을리하지 않으려 용쓴다. 그림 그리는 시간이 제일 행복하다. 한때는 운동을 많이 했다. 하지만 지금은 만보기를 허리춤에 차고 다닌다. 하루 팔천 보 이상을 걸으려고 노력한다.

제일 어려운 것은 절제다. '더도 말고 덜도 말고 하라'는 그 '적당'을 찾는 게 힘들다. 그러던 중 나도 몰래 '나'를 다스리는 힘이 생겼다. 더 먹고 싶어도, 더 자고 싶어도, 더 하고 싶어도 그 순간의 유혹을 뿌리치면 몸과 마음이 편하다. 잘했어도 잘못했어도 스스로 토닥거리니 '동안'이 나를 떠나지 않는다.

친구야, 내가 젊어 보인다고 혼내지 말고 왜 동안인지 물어보렴. 선천이 아니라 후천이야. 보이지 않는 내 노력이야. 그냥 얻어지는 게 어디 있겠냐. 이 나이에 무슨 로션이냐고? 스스로 내 얼굴 학대하지 마. 관리하지 않은 네 탓이야. 이 세상에 쉬운 게 어디 있겠냐. 세상에 공짜는 없더라.

백 투 더 고구려

역사는 교실에서만 배우는 게 아니다. 산이나 들, 돌에서도 배운다. 고구려 역사를 '거저 가르쳐주는 산'이 있다. 서울 광진구에 있는 아차산, 용마산, 망우산이다.

코로나19 시대가 길어진다. 감기처럼 달래면서 함께 살아가야 할지 모르겠다며 애써 태연한 척해도 두렵다. 감기로 죽었다는 사람은 없다. 하지만 코로나19로 죽은 사람이 나타나고 있다. 앞으로 코로나19와 함께 살아가야 한다면 면역력을 기르는 것이 현명한 예방책일 것이다. 면역력을 높이는 수단으로 운동보다 더 나은 게 없다.

고구려 시대 소나무도 보고, 고구려 역사도 배우고, 면역력도 키울 겸 해서 아차산, 용마산, 망우산에 올랐다. 한꺼번에 세 마리 토끼를 두 번 잡을 수 있는 산이다.

우리나라는 땅이 좁으면서도 산지가 70%나 된다. 나머지 30%

에 옹기종기 모여 산다. 산지 70%에 돈이 되는 나무(경제림)는 적고 소나무(땔감)만 많다. 소나무는 겉으로 보기에는 멋있게 보인다. 하지만 말 못 할 사연을 평생 끌어안고 사는 게 소나무이다.

소나무는 꼽추처럼 등허리가 심하게 꺾이고 굽었다. 뿌리가 얕아 영양분을 골고루 나르기가 힘들다. 만년 영양실조로 허덕인다. 하는 수 없이 뿌리가 땅 밖으로 기어 나와 옆으로 퍼진다. 비바람에 버티기 위한 처절한 몸부림이다. 하지정맥 혈액 순환장애를 앓는 사람 같아 애처롭기까지 하다.

소나무는 계절도 없이 늘 푸르러 문인이나 예술가들의 사랑을 받는다. 조선조 제7대 임금인 세조가 벼슬을 내린 속리산 정이품(正二品) 소나무는 나이가 많아도 여전히 기품이 고상하다. 그 자녀[子木]가 홍천군 청사 역내 수타사 테마공원에 살고 있다. 중국 황산 꼭대기에 있는 '영객송'(迎客松)도 기품이 우아하여 세계인들이 사랑한다.

아차산의 소나무도 고구려 때 태어나 아직 살아계신다. 고귀한 어르신이다. 게다가 스무 살이 넘은 금강소나무 천 그루가 더불어 살고 있다. 존경심이 절로 일어난다.

아차산(峨嵯山)을 광개토왕 비석과 삼국사기에서는 아단성(阿旦城)이라 적고 있다. 조선 후기에 와서 '높은 산'이라는 뜻으로 아차산이라고 부르기 시작했다. 아차산(295.7m)은 두 아우 용마산(348.5m)과 망우산(281.7m)을 잘 보살피고 있다. 키는 작지만 맏형이다. 하나의 큰 산이었는데 장성하여 분가하였다.

아차산은 입구에서부터 매끈한 나뭇길이 이어진다. 휠체어도 다닐 수 있다. 고불고불 나뭇길이 끝나면 아차산성 흙길이 길게 펼쳐진다. 낙타 등처럼 오르락내리락을 반복하니 어느덧 낙타고개를 넘는다. 시원스럽게 생긴 '고구려정'이라는 정자가 땀방울을 씻어준다. 이 정자를 뒤에서 보니 부여 낙화암 백화정이 어른거린다. 야, 서울 시내 반이 내려다보인다. 멋진 전망대다.

서울에서 가장 먼저 해가 뜬다는 해맞이광장에 오르니 앞이 탁 트인다. 서울 시내가 한눈에 들어온다. 여기서부터 정상까지 가는 길 곳곳에서 고구려 역사를 가르쳐주는 보루를 만난다. 아차산 세 번째 보루가 정상(295.7m)이다.

고구려 '보루'가 제주의 '오름' 같다. 정상이지만 고도가 너무 낮아 면목이 없는지 흔한 표지석 하나 없다. 힘들게 올라왔는데 좀 야속하다. 내가 기념사진 찍을 표지석 하나 세워놓을까. 그나마 보일 듯 말 듯한 안내판이 있으니 다행이다.

이제 용마산(龍馬山)을 알현하러 간다. 용이 말을 타고 나는 모습을 닮았나 보다. 내가 용띠이니 말을 타고 오르면 용마가 될까.

용마산 올라가는 길이 살짝 깔딱거린다. 깔딱고개라고 하기에는 엄살기가 있다. 그래도 숨은 차다. 산은 아무리 낮아도 산이다. 바다였던 산이 솟아오르거나 화산이 폭발하여 생긴 바위가 많아 위험한 곳도 있다. 산은 언제나 등산객에게 겸손을 가르쳐준다. 끝까지 긴장해야 한다.

아차산과 용마산에는 열일곱 개의 보루(堡壘)가 군(群)을 이룬다.

보루는 적의 침입에 대비해 쌓은 구축물이다. 하나의 보루에 10~100명의 병사가 주둔하였다. 보루 군은 고구려가 5세기 후반에 한강 유역을 점령한 후 551년에 신라와 백제에 빼앗길 때까지의 역사를 가르친다. 그 사이 백제 개로왕이 여기에서 고구려 군대에 처형당하고, 고구려 온달장군이 신라군에게 전사한 곳이다.

용마산 정상(348.5m)까지 그리 많은 시간이 걸리지 않았다. 오르락내리락을 반복하다 보면 저절로 정상에 오른다. 차가운 날씨인데 갑자기 모락모락 김이 나고 후끈하다. 용마봉 아래 운동시설에서 뿜어 나오는 땀과 입김이다. 아차산과 용마산에는 희끗희끗 차돌이 유난히 많다. 이 차돌은 불을 댕기는 부싯돌로 쓰였을 것이다. 고구려 병사들도 하얀 돌을 보고 소고기 차돌박이를 연상했을까.

헉헉, 힘들어 쉬고 싶은 지점마다 역사의 표지판이 발걸음을 세우곤 한다. 고맙다. 표지판이 초등학교 선생님이 하얀 분필로 빼곡히 적어 놓은 초록색 칠판처럼 보인다.

조선 시대도 아니고 고려 시대도 아닌 고구려 시대 수업 현장이다. 보루, 토기, 석축 등이 훌륭한 시청각 자료로 보인다.

저절로 '백 투 더 고구려'를 한다. 탁 트인 전망을 만끽하면서 '백 투 더 고구려'의 기상도 만끽한다.

이제 코로나가 두렵지 않다. 멋진 금강소나무가 뿜어내는 피톤치드를 실컷 들이마셨으니 바이러스가 도망갔으리라. 근육이 단단해졌을 테니 면역력도 세졌을 것이리라. '백 투 더 고구려' 백신으로 스트레스를 날려버린다. 그야말로 최고의 백신이다.

사주팔자

하루 스물네 시간이 짧다. 오늘 주어진 시간에 해야 할 일이 촘촘하다. 뭇사람은 코로나로 잃어버린 시간이 아깝다고 아우성이지만 나는 눈코 뜰 새 없이 바쁜 나날을 보낸다. 남들이 잃어버렸다는 그 시간을 주섬주섬 주어서 내 것으로 삼으려니 더욱 그러하다. 한눈팔 겨를이 없다.

코로나로 힘들어하는 이웃 어느 집사님이 하 답답하여 인사동에 나들이 갔다. 집 안에 틀어박혀 있자니 마누라 보기가 민망했던 거다.

점보는 가게(점집)가 눈에 번쩍 뜨였다. 점집 포장에 잔글씨로 뭐가 잔뜩 쓰여 있다. 언뜻 보니 그 글씨가 이렇게 보였다. '수고하고 무거운 짐 진 자들아 다 내게로 오라. 내가 너희를 쉬게 하리라.'

점쟁이는 성경책처럼 보이는 책을 펼쳤다. 태어난 해, 월, 일,

시간을 쓰란다. 이를 토대로 壬寅, 戊申, 戊子, 壬子(사주팔자)로 '오늘의 운세'가 어떤지를 점쳐 주었다.

"오늘은 괜히 밖으로 돌아다니는 일이 많이 생기거나 별 소득은 없는 하루입니다. 게다가 자금 사정도 나빠지고 재물도 잃어버릴 수 있으니 걱정거리가 겹겹으로 덮치는 격이라 할 수 있습니다."

이게 그 집사님 태어날 때부터 예정된 오늘 하루 팔자란다. 사주 중 마지막 기둥은 태어난 시간이다. 그렇다면 이 시간대에 태어난 사람은 모두 같은 운명인가?

태어난 해, 월, 일, 시는 두 글자로 되어 있고, 네 기둥이 있다. '여덟 글자(팔자)가 모여서 네 개의 기둥(사주)을 이룬다' 하여 '사주팔자'라고 한다. 사주팔자는 날 때부터 타고나기 때문에 '타고난 운수, 운명'이다. 그렇다면 '오늘 운명'은 아무리 피하려고 해도 피할 수 없는 것인가?

지금도 혼인이 정해진 뒤 신랑 집에서 알록달록 색동천에 신랑의 사주를 적어서 신부 집으로 보낸다. 신랑의 사주를 참조하여 신부가 어떻게 해야 하는지를 알아보라는 뜻이다.

시골 버스 의자 뒷등에 ○○철학관이라고 적힌 광고도 내걸고 있다. 대도시 곳곳에도, 서울 도심 인사동 골목에도 점치는 집이 있다. 첨단과학이 발달하여 우주로 여행가는 시대에 점치는 곳이 버젓이 존재하고 있다.

인사동 골목 주황색 포장을 두른 점치는 부스가 마치 포장마차 같다. 주말마다 문을 연다. 혼자 들어오는 경우는 거의 없고 여자 둘 혹은 남녀 한 쌍이 찾아온다. 여기에서는 사주, 궁합을 비롯하여 사업, 취업, 작명, 이사, 개명, 상호 등 '궁금한 것은 모두 풀어 준다'고 유혹하고 있다.

'사주팔자가 세다'는 것은 '타고난' 나쁜 운수 때문에 살아가는데 파란곡절이 많다는 말이다. '사주팔자를 잘 타고나다'는 것은 운수가 좋다는 것이다. 모두 내 노력과는 상관이 없다는 말이기도 하다. 이미 주어진 것이기 때문이다. 말하자면 잘 태어났거나 잘못 태어난 것이다.

사람이 태어날 때 인간의 힘으로는 어쩔 수 없는 '운수', '운명'을 함께 지니고 태어나는 게 팔자소관이라면 살아가면서 노력할 이유가 없지 않겠는가.

'점을 친다'는 것은 앞일을 내다보아 미리 판단하는 것이다. 한 치 앞을 내다볼 수 없는, 안개가 자욱한 이 세상을 훤히 보이게 한다는 게 가능한 일인가. 가능하다. 성경의 예언이다.

성경 신구약에서는 인류 역사의 처음(창세기)부터 마지막 순간(요한계시록)까지 예언이 기록되어 있다. 성경에 기록된 예언 중에서 이미 실현된 것은 역사로 존재한다. 아직 실현되지 않은 것은 예언으로 하나둘씩 진행되고 있다.

성경을 읽으면 앞일을 내다볼 수 있어 대처할 수 있다. 조물주는 천지를 창조할 때 인간에게 무한한 능력을 부여하였다. 그 능력을 십분 활용하면 나의 앞날을 밝게 할 수 있다.

코로나로 힘들어하는 옆집 아저씨가 인사동에서 돌아와 나를 찾아왔다. 거기서 들려준 이야기가 지금의 자기에게는 썩 다가오는 이야기가 아니라는 것이다. 나에게 이러저런 이야기를 내뱉으면 속이 풀릴까 해서 찾아왔다고 한다.

오늘 인사동으로 나들이 나가 이곳저곳 다니며 스트레스를 풀었으니 내일의 활력소를 찾은 게 아닐까요. 괜히 밖으로 돌아다닐 일이 생긴 게 아닙니다. 별 소득이 없던 하루가 아닙니다. 자금 사정이 나빠진 건 누구나 마찬가지입니다. 혼자만의 일이 아닙니다. 그래서 정부가 조금이나마 지원하겠다고 하지 않습니까. 인사동 다녀오느라 신발이 닳았을 뿐입니다. 재물도 잃어버린 게 아니라 교통 요금을 냈을 뿐입니다.

성경 속에는 세상 진리가 다 들어 있고, 문제 해결 실마리를 보여주고 있다. '세상사'는 주어진 것이 아니라 스스로 만들어가는 것이다. 세상사는 한 치 앞을 모르는 게 아니라 보이지 않을 따름이다. 어느 시인은 '보려고 해야 보이고 본 만큼 본다'고 읊는다. 그 시인이 바로 나이다. 성경 구절에 답이 들어 있다. 매일 한 구절씩 읽고 묵상하면 세상사를 통찰할 수 있다. 세상이 꽃 같이 보인다.

넝쿨손

심장 모양을 띤 담쟁이덩굴 잎은 '희망'을 안겨주는 식물이다. 작가 오 헨리(O. Henry)가 임종이 가까운 환자에게 희망과 사랑을 전한 명작 『마지막 잎새』도 담쟁이덩굴 잎이다.

베어먼 노인이 사는 집 이 층에 세 들어 사는 젊은 화가 존시는 폐렴을 앓고 있었다. 창문 밖 담쟁이덩굴 잎이 다 떨어지면 자기 목숨도 떨어질 것이라고 믿었다. 이 사실을 알게 된 베어먼 주인은 서둘러 담쟁이덩굴 한 잎을 그리기 시작했다.

존시네 창문 밖 담쟁이덩굴 사이에 그 잎을 살그머니 걸쳐놓았다. 노인 자신도 폐렴 환자였다. 그려진 잎은 쉽게 떨어지지 않았다. 노인이 그린 잎새 하나는 죽음을 앞둔 존시에게 삶의 희망이 되었다. 정작 그 노인은 이틀 후에 천국으로 떠났다. 노인은 순교자였다.

미국 동북부에 있는 역사가 오랜 여덟 개의 명문대학을 통틀어 아이비리그라 부른다. 이 대학들의 건물은 하나같이 담쟁이(아이비)로 덮여 있다. 담쟁이가 덩굴손을 가졌다.

내 가족 중에 처조카는 미국 아이비리그(Ivy League) 하나인 브라운대학 의과대학을 졸업했다. 그 처조카가 결혼한 지 십 년 만에 첫 아이를 얻었다. 『마지막 잎새』에서 보았던 그 덩굴손(아이비)의 선물이 아닌가 싶다. 며칠 후 크리스마스 때 아기 예수가 되어 한국에 온다는 소식이 들린다.

크리스마스가 다가오니 또 다른 옛 생각 하나가 떠오른다. 우리 아이가 어렸을 때 내 손잡고 길 가다가 갑자기 멈춰 섰다. 도심지는 온통 크리스마스트리로 장식되어 있었다. 아이가 갑자기 손가락으로 공중을 가리켰다. 빌딩 한가운데 줄 하나에 매달려 크리스마스트리를 설치하는 인부였다.

그는 아이가 TV에서 보았던 스파이더맨이었다. 아이는 제 손바닥을 펴 본다. 도대체 저 아저씨는 손바닥에 무엇이 있기에 높은 건물을 평지 걸어가듯 성큼성큼 오르내릴까?

아이가 궁금해하던 그 스파이더맨은 축구장에도 있다. 거미손 골키퍼 수문장이다. 내가 거실에서 축구를 보고 있노라면 아이도 옆에 찰싹 붙어 앉는다. 스파이더맨을 보려고.

골키퍼는 패널티킥을 제대로 차면 막기 어렵다. 찬 공이 골라인 안으로 들어가는 데는 0.4초이고, 골키퍼가 몸을 날리는 데는 0.6초가 걸린다. 공이 골대 네 개 구석 어느 하나로 들어가면 골인이 될 수밖에 없다.

수문장은 골문 반은 포기해야 막을 수 있다. 예측을 얼마나 잘하느냐에 달려있다. 페널티 공을 차는 선수의 기록을 샅샅이 안다. 공을 차는 발이 왼쪽이냐 오른쪽이냐를 정확하게 예측해야 한다. 서로 눈치채지 못하게 헛시선을 보낸다. 몇 초간의 치열한 머리싸움도 대단하다.

동물 같은 반사 신경을 가진 골키퍼는 장대높이뛰기 선수처럼 튀어 오른다. 쏘아 올린 미사일도 잡아낼 태세다. 아이의 눈에는 얼마나 멋진 스파이더맨이겠는가.

호박, 청미래덩굴, 수세미오이는 도르르 감는 '덩굴손'을 가지고 있다. 덩굴손은 갓난이 고사리손을 닮아 앙증맞다. 담쟁이덩굴이나 가지 덩굴의 '덩굴손'은 가지나 잎이 변해 옆의 다른 물건을 감는다. 스파이더맨은 이런 것에서 아이디어를 찾았을 것이다.

덩굴손은 특별한 재능을 가진 손이다. 내 아이들이나 내 손주들이 다 그런 천연의 재능을 가지고 있다. 아기 손안에 내 손가락을 쥐여 주면 힘차게 잡아당긴다. 머리카락을 집히기라도 하면 한 움큼 뽑힌다. 식물 덩굴손은 그 세찬 힘을 아기에서 배우지 않았을까?

덩굴손은 물체를 만나면 감아 올라가면서 자신의 몸을 지탱한다. '아기의 손과 같다' 하여 덩굴손이라 부른다. 사실은 흡반(吸盤) 구조이다. 청개구리 발가락 모양으로 보인다. 끝이 다른 물체에 달라붙을 수 있는 끈끈이가 있다. 힘들이지 않고 달라붙어 기어오를 수 있다. 영락없는 스파이더맨이다.

담쟁이덩굴은 풀이 아니라 나무이다. 나무줄기가 성장하면서 굵어진다. 덩굴손은 똬리 트는 뱀처럼 휘감지 않는다. 칡이나 등나무처럼 이웃하는 식물을 죽이거나 생육에 지장을 주지 않는다. 착한 덩굴손의 대표가 담쟁이덩굴이다. 그 담쟁이덩굴 잎새가 작가 오 헨리에게 가서 영원한 명작을 낳았다.

크리스마스 때 온다는 처조카 첫아기 덩굴손을 잡아볼 차례가 나에게까지 올 수 있을까? 참으로 귀하신 몸 아닌가. 그 차례가 나에게까지 오려나. 나에게로 오는 도중 훌쩍 커버려 덩굴손이 없어지지나 않을까.

아기는 아이비 톱니 같은 토끼 이빨을 드러내며 덩굴손으로 고모부 할비 머리끄덩이를 잡아당길지 모른다. 아기 예수 '희망'의 손짓처럼. 이번 크리스마스에 나에게 또 무슨 좋은 일이 찾아올까. 설렘이 덩굴손처럼 달라붙는다.

요비링

'요비링'은 나의 장난감이었다. 남의 나라 말이었어도 '초인종'보다 내게는 '요비링'이 더 친근했다. '요비링'이 있는 집마다 누르고 도망치는 애는 늘 사내아이였다. 계집아이는 옆에서 낄낄대기만 하고 함께하지는 않았다.

태생부터 남자와 여자는 다르다. 엄마 뱃속에 든 사내아이는 발길질이 태클만큼 거칠다. 계집아이는 발을 차는지 아닌지 분간하기 어렵게 조신하다고 한다.

성장하면서 남자 여자가 서로를 온전히 이해하는 것은 가능하지 않다. 아니 불가능하다. 그래서 남녀가 하나가 되어 평생 서로를 이해하며 살라고 하는가 보다.

내가 어렸을 적에 동네 집들은 대개 대문이 열려 있었다. 열리지 않았으면 큰 소리로 부르면 문을 열어주었다. 나는 어린 시절을 시골 셋집에서 보냈다. 주인집 아주머니는 늘 대문을 열어

놓았다. 거지가 들어오면 마당에 멍석을 깔고 밥상을 차려 주었다. 그때 밥그릇은 얼마나 컸던지 지금 밥그릇의 두 배가 넘었다. 그것도 수북이.

그때 참외 서리, 수박 서리, 콩 서리가 재밋거리였다. 나는 서리를 직접 해 보지는 못했다. 서리를 할 나이쯤 되자 시골 중등학교 교사였던 아버지의 영전으로 도회지로 이사했다.

시골에서 서리할 나이쯤에 도회지로 이사 오니 서리 대신에 '요비링' 누르고 도망가는 재미가 쏠쏠했다. 별 뜻 없이 그냥 정말 재밌었다. 나는 분명 동네 개구쟁이 대장이었다. 말괄량이 삐삐도 이 기가 막힌 '요비링 놀이' 맛을 알았으면 가만있지 않았을 것이다.

하굣길에 동네 친구들과 짜고 골목마다 요비링 달린 대문만 골랐다. 문이 닫혔으면 거침없이 눌러댔다. "네, 누구세요?" 하고 뛰쳐나오면 골목으로 잽싸게 숨어 엿봤다. 우리는 서로 입 막으며 키드득거렸다. 요 재미는 참외 서리가 따라갈 수 없었다.

주인은 아이들이 장난친 줄 알고도 성내며 쫓아오려 하지도 않았다. 그냥 허허 대며 들어갔다. 그때는 그랬다. 개구쟁이가 자기 아들 같기도 했을 것이고 말썽꾸러기 동생 같기도 했을 것이다.

우리는 들키면 곤란하니 우르르 떼 지어 도망갔다. 그때 하굣길 양철 연필통에서 연필 딸그락거리는 소리가 요란했다. 집에 와 보면 연필심이 다 부러졌다. 밤새 몰래 연필 깎느라 고생깨나

했다. 하지만 어른들 골탕 먹였던 재미를 생각하면 아무것도 아니었다. 내가 어른이 되고 보니 그 어른들에게 미안하기도 고맙기도 하다.

하기야 시골 사내아이들에게는 구슬치기, 딱지치기, 자치기, 팽이 돌리기, 계집아이들 고무줄놀이 칼로 끊고 도망가기 등 놀거리가 많았다. 하지만 도회지는 아이들이 딱히 놀거리가 없어서 요비링 놀이를 했을 것이다.

요비링 장난 대표선수인 나를 따돌리기 위해 어른들은 '말을 하는 요비링'을 등장시켰다. '초인종'이다. 이걸 보고 내가 순순히 포기할 리 없었다. 요비링 선수였던 나는 떡하니 남의 집 초인종을 누른다. "누구세요?" 나는 천연덕스럽게 대답한다. "나야." 어디선가 익숙한, 짧은 대화다. 나의 어머니가 말하고 나의 아버지가 대답하던, 그 짧은 대화다.

초인종 음색이 정확하지 않아 긴가민가하면서 뛰쳐나온다. 허탕 치고 집 안으로 들어가던 그 아주머니 뒷모습이 어찌나 재밌던지 눈물까지 났다.

법이 죄를 따라가지 못하듯이 장난꾸러기의 실력은 날로 고도화되어갔다. 드디어 벨을 누르면 서로 말을 주고받고 얼굴도 보이는 '첨단 인터폰'이 출현했다. 마당이 있는 집은 문 열어 주러 나오는 대신에 방 안에서 '인터폰'을 들여다보고 문을 열어 주었다. 이때쯤 나는 장난꾸러기 티를 벗어나 여드름 나이가 되어버렸다.

보통 집에 들어갈 때 열쇠가 있어도 인터폰을 누른다. 귀찮아서가 아니다. 가족에게 나의 '존재'를 미리 알리는 헛기침이 아니었을까.

요비링, 초인종, 인터폰 시대가 가고 최첨단 '비디오 폰' 시대가 온 지도 퍽 오래되었다. 삐삐 시대가 왔는가 싶더니 무전기만한 손전화기가 나왔다. 곧이어 똘똘한 휴대폰이 나왔다. 지금은 요물 휴대폰에 정신이 팔려 길에서나 계단에서나 부딪치고 넘어진다.

이제 아슬아슬하면서도 즐거웠던 수박 서리도 가고, 어른 골려주던 요비링이며 인터폰 장난도 가버린 지 오래되었다. 수박 하나 잃고도 허허 웃음으로 끝내버렸던 훈훈한 정(情)도 떠났다. 허탕 칠 줄 알면서도 혹시나 해 대문을 열어 주던 그때 그 아주머니의 얼굴도 정겹게 아른거린다.

지금은 이웃집에 누가 사는지 알려고도 하지 않고 알고 싶어하지도 않는다. 한때 이웃집을 만날 수 있다는 기대감으로 참석하곤 했던 반상회가 뜬금없이 기억난다. 한 달 한 번 하던 그 반상회가 그립기까지 하다. 요즘은 옆집은커녕 한 집에서도 누가 나갔는지 들어왔는지 모르는 경우가 흔하다.

회사에서도 누가 결근을 했는지 알려고 하지 않는다. 사생활 침해라나! 길 가다가 쓰러진 사람 일으키면 도둑으로 몰린다. 그 사람이 여성이라면 성희롱죄로 곤혹을 치른다. 리시버로 귀 틀어막고, 복면강도처럼 시커먼 입 가리개로 얼굴까지 틀어막고, 휴대폰만 쳐다보며 걷는다. '앞을 보고 걸으세요.'라는 내 이 경고를 들은 척 만 척하던 그들은 요즘 정형외과에 신세를 진다.

점점 일상이 편의점보다 더 편리해져 간다. 전화 한 통화면 바라는 물건이 집 앞에 놓이는 데 오래 걸리지 않는다. 요비링, 초인종, 인터폰으로 사람을 부르던 시절이 그립다. 허탕 치더라도 히쭉 웃어버리면 그만이었던 시절이 그립다. 겨울나무처럼 바싹 말라버린 우리 사회, 편함에만 길들어져 가는 사이 마음은 점점 더 불편해간다.

내일 동트면 요비링 하나 장만하여 대문 앞에 걸어야겠다. 아니 창고 깊숙이 넣어두었던 '말하는 초인종'을 '인터폰' 자리에 앉혀야겠다. 그런데 요새 이것 보고 장난치려는 개구쟁이가 있기나 하려나.

곰배령

"기도하세요. 기도만이 답입니다. 기도하면 들어 주십니다."

"아이고, 남의 이야기라고 그렇게 쉽게 말하는 거 아닙니다. 배고픈데 기도가 나옵니까, 기도가 밥 먹여 줍니까. 저러니 누가 교회에 나갑니까."

교회가 잘못 일러주었는지, 본인이 중간 구절을 싹 잘라버리고 결과만 들어서 그런지 투덜대는 입이 송곳 같다. '하나님께 구하고 싶은 간절한 소망이 있으면 간절하게 기도하라', '중도에 포기하지 말고 들어주실 때까지 간절하게 기도하라'는 뜻을 제대로 이해하지 못한 것 같다.

나는 그동안 기도 응답을 많이 받았다. 내가 하나님께 기도하지 않았는데도 용서, 사랑, 생명도 받았다. 나는 이런 것들을 천상(天賞)으로 받아들인다.

세속에 또 다른 천상이 있다기에 찾아 나섰다. 백두대간의 정기를 받은 점봉산 아래 곰배령이다. "이야! 이게 바로 천상이렷다." 하나님 나라[天国]를 보듯 살아서 볼 수 있는 '들꽃의 천상'이다.

강원도 현리에서 40리 떨어진 진동리에 설피밭이 있다. 겨울에 눈이 많이 내려 식물 줄기로 만든 덧신(설피)을 신어야 걸을 수 있을 만큼 눈이 많은 곳이다. 설피밭에서 조금 오르면 곰배령과 단목령으로 갈라지는 삼거리가 나온다. 이 삼거리에서 곰배령 길을 따라 올라가면 그 세속의 천상을 받을 수 있다.

천국 입장권을 가진 자만이 들어갈 수 있듯이 여기서부터는 곰배령 입장을 예약한 자만이 들어갈 수 있다. 점봉산 일대는 '생태의 보물창고'이어서 '산림보호 유전자원 보호림'으로 지정되어 있다. 관리소에서 나누어 주는 들꽃책받침을 손에 쥐고 원시림 터널 속으로 들어간다.

파란 하늘, 두둥실 구름, 크고 작은 나무, 새소리, 물소리, 들풀, 들꽃들이 천진난만하게 웃고 있다. 손흥민 선수를 보러 축구장에 우르르 몰려온 관객들 같다.

왼쪽에는 계곡물이 나랑 어깨동무해 준다. 한여름 바깥세상은 더위가 아우성쳐도 여기는 얼씬 못한다. 어느새 마지막 마을에 도착하니 '지리산' 깊은 산속에서나 보는 마을, 강선마을이다.

마을 주민들은 화전을 일구고, 산나물이나 약초로 생계를 잇는다. 하지만 시간이 지날수록 하나둘씩 마을을 떠나고 몇 가구만 남았다. 이제는 아무나 함부로 드나들 수 없는 귀한 곳이 되었다. 그야말로 상전벽해(桑田碧海)의 현장에서 나는 고진감래(苦尽甘来)의 기쁨을 누린다.

강선마을에서 곰배령까지 야트막한 오르막길이 십여 리가 펼쳐진다. 고도가 높아지니 숲이 점점 줄어든다. 대신 계곡이 물소리를 높인다. 숨은 가쁘지만 땀방울은 사그라진다.

활엽수가 하늘도 구름도 가린다. 비탈길에는 고사리 같은 양치식물이 오손도손 평화롭게 지낸다. 그냥 초록 바다다. 안개가 자욱할 때는 초록 물결이 에메랄드 그린으로 비친단다.

두리번두리번 들꽃, 들풀들과 눈인사하다 보면 마지막 이정표가 나온다. 금방 거의 십 리 길을 올랐다. 여기서부터 곰배령까지는 새소리도, 계곡 물소리도, 폭포도 숨을 죽인다. 천상이 가까우니 모두 엄숙해진다. 내 가쁜 숨소리만 들린다. 멀리서 들려오는 물소리가 정겹고 은은하다. 옛날 강선마을 할머니들이 콩 자루를 머리에 이고 장 보러 넘나들었던 길이란다.

드디어 하늘 문이 뻥 뚫렸다. 곰배령(1,164m)이다. 그 많던 활엽수는 다 어디 갔나. 전혀 다른 세상이다. 몽골 대초원에 온 듯하다. 저 멀리 백두대간이 지나간다. 그야말로 하늘이 주신 상(賞), '천상'이다. 온통 꽃밭이고 꽃대궐이다. 입구에서 나누어 준 책받침에 나온 들꽃이 여기 그대로 드러누워 있다.

산 아래 동네는 외래종이 주인 노릇을 하는데 여기 곰배령은 정체성이 뚜렷한 풀과 꽃들이 하늘을 우러러 감사 기도를 한다.

멀리 점봉산(1.424m), 작은 점봉산(1,297m)이 앞뒤로 서서 내려다본다. 만삭의 여인처럼 불룩하게 솟은 꼭대기가 성스럽고, 푸근하게 보인다. 봄에서 가을까지 들꽃들이 한데 어울려 축제의 춤을 추는 곳이다. 원시림을 뚫고 올라온 사람들에게 하늘이 이렇게 선물을 준다.

조선 시대 선비들이 더위를 피해 이곳에 올라 바람과 달을 바라보며 시 짓고 흥겹게 노닐었다지? 저절로 시가 튀어나와 백두대간을 휘둘렀겠다. 나도 곰배령 꽃대궐을 노래하는 '곰배령 신(新)유산록' 하나 남겨봤으면 싶다. 갈증이 난다. 기어코 그 갈증을 해소하리라.

곰배령 고개 모습이 하늘을 바라보는 곰의 배(곰배) 모양이고, 점봉산은 설악산 봉정암의 봉황이 날아가다가 잠시 밟은 흔적의 점(点鳳山)이라고 한다. 와와! 그야말로 간절하게 기도하는 마음으로 올라온 자들에게만 내리는 선물이다.

업혀 올라온 세 살 큰손녀도 날아갈 듯 기분이 좋아 보인다. 양팔을 높이 치켜들고 노랑나비와 함께 나풀나풀 날아다닌다. 이 손녀꽃이 내게는 제일 예쁜 천상의 꽃이다. 내려가기 싫다.

이분이 그분인가

“손님, 예수님 믿으세요?”

나는 깜짝 놀랐다. 아니, 내가 선교사라는 걸 어떻게 아나.

“어떻게 아세요? 얼굴에 쓰여 있나요?”

진솔한 예수쟁이는 예수님을 닮아간다. 그동안 많은 목사, 장로, 권사와 교제하면서 터득한 확신이다. 잉꼬부부도 알콩달콩 사랑스럽게 살아가는 동안 서로를 닮아간다고 하지 않나. 그래서 혹시 이분이 내 얼굴을 보고 그렇게 던진 말인가 해서다. 잠깐 우쭐한 속물근성이 드러났다.

나는 피로를 풀기 위해 대중목욕탕을 즐겨 찾는다. 오늘도 바쁜 일정을 마치고 피곤을 풀러 사우나에 들렀다. 오늘은 때밀이에게 내 몸을 맡겨야겠다고 생각했다. 피곤하기도 하지만 코로나 19로 이분도 그동안 어려운 나날을 보냈을 터이니 도와주고 싶었다.

낮에 일하는 동안 내내 목에 모시고 다니던 '나무 십자가' 목걸이를 벗지 않은 채, 그만 '때밀이 침대'에 드러누운 것이다. 그런데 이분도 좀 이상하다. 거추장스러우니 목걸이를 풀어달라고 하지 왜 '예수님을 믿느냐'고 말했을까? 범상치가 않았다.

내 몸을 내가 씻지 않고 덜러덩 미끄러지듯 드러누워 남에게 맡기는 게 영 어색하다. 냉탕과 온탕을 번갈아 드나들면 혈액 순환이 잘 되어 피로가 풀리기 마련인데, 왜 때 씻는 걸 남에게 맡기려 하는가. 때는 내가 저지른 허물이 아닌가. 스스로가 쌓은 허물을 스스로가 허물어버려야 하지 않는가. 내가 지은 죄는 내가 회개하고 다시는 같은 죄를 저지르지 않겠다고 다짐해야 하지 않는가.

때밀이는 내가 묻지도 않은 이야기를 줄줄이 풀어낸다. 그도 교회 집사란다. 때밀이 직업을 대단하게 여기고 있었다. 최후의 만찬이 시작되기 전날, 예수님이 열두제자들의 발을 일일이 씻겨 주었던 이야기를 들려준다. 단순히 더러운 때를 씻은 게 아니란다.

예수님은 당신이 간절하게 부탁한 것을 어긴 아담과 이브로 말미암아 평생 그 죄를 머리에 이고 살아가야 할 인간을 몹시 불쌍히 여겼다. 예수님은 이를 대속하여 그 죄에 빠진 우리를 구원하기 위해 십자가에 매달려 돌아가시기로 작정하셨다. 돌아가시기 전날, 열두제자들을 모아놓고 같은 죄를 반복해 저지르지 말라는 간곡한 마음으로 제자들의 발을 씻겨 주셨다는 것이다.

뭇사람은 딱히 할 일이 없어 남의 때를 밀어 빌어먹는다고 하찮게 여기겠지만 그는 스스로 거룩한 일을 한다는 긍지가 있었다. 세상의 때를 잔뜩 묻혀온 사람들을 홀랑 벗겨, 지은 때를 말끔히 씻어 하나님이 주신 원래의 몸으로 세상에 되돌려 보내고 있다는 자부심이었다.

예수님께서는 십자가에서 돌아가신 후 사흘 만에 부활하셨다. 예수님은 최후의 만찬 때 제자들에게 당신이 스스로 부활하여 자리를 비우는 동안 세상에 복음을 전하라고 당부하셨다. 그리고 다시 이 땅에 오겠다고 약속하셨다. 이것을 '역사적 사실'로 믿는 자만 진정한 예수쟁이라고 강조한다. 듣고 보니 그는 그냥 때밀이가 아니었다.

예수님은 이 땅에 언제 다시 오실지 아무도 모른다. 그 '때'는 오직 예수님만 안다. 도둑같이 올 수도 있다고 했다. 항상 깨어 있어 맞이할 준비를 하라고 했다. 동냥하는 걸인의 모습으로 오실 수도 있다. 거리에서 마주치는 걸인을 그냥 지나치면 안 된다. 우리가 나중에 천국에 들어갈 때 천국 입구에서 이 세상에서 이룬 선행을 보여달라고 할지 모른다. 예수님이 이 땅에서 사신 동안 어려운 이웃을 두루 찾아다니시며 행하신 선행처럼.

몸 때를 미는 동안에 이러한 꿈같은 생각을 하다 몸을 뒤집으라는 말에 눈을 떴다. 때밀이 집사의 얼굴에 예수님이 겹쳐 보였다. 혹시 이분이 그 예수님이 아닐까. 수염까지 덥수룩하니 영락없이 그분 같다. 순간 눈이 다시 감긴다. 성스러운 눈으로.

"다 끝났습니다." 간단한 마사지를 한 후 등짝을 톡톡 두드렸다. '지은 허물을 다 벗겼으니 세상에 나가거든 같은 죄를 다시 지어 또 오지 마세요'라고 들린다.

그래, 맞아. 세상일이 다 생각하기 나름이야. 때밀이가 예수님처럼 거룩하게 보일 수도 있고 천직(賤職)으로 보일 수도 있는 거야. 내가 어떤 마음으로 어떻게 사느냐가 중요한 거야.

그 이후부터 나는 내가 저지른 죄는 내가 벗긴다. 죄송한 마음으로 박박 씻는다. 어쩌다 때밀이에게 내 몸을 맡길 때는 부끄러운 마음으로 회개의 기도를 하고 눕는다. 이분이 그분일 수 있으니까.

"또 왔습니다. 세상 죄 알게 모르게 짓고 또 왔습니다. 부끄럽습니다. 스스로 지은 죄를 스스로 씻지 못하고 왔습니다. 지은 죄를 말끔히 씻어주시옵소서."

나는 집을 나설 때, 나무 십자가를 먼저 확인한다. 비싼 재료로 만든 목걸이를 마다하고 나무 십자가를 고집한다. 거칠거칠하여 목에 늘 예수님이 나를 지키신다는 것을 잊지 않기 위해서다.

무시로 인간 욕심이 발동하려는 순간, 목에서 나를 툭툭 치시는 십자가. 어린양을 돌보시는 예수님은 나를 좋은 길로만 이끄시는 인생 길라잡이. 오늘도 양팔 벌린 나무 한 그루를 꼭 붙들고 길을 나선다.

모래시계

시간이 소리 없이 흘러내린다. 3분, 길어야 5분이다. 더 이상의 시간은 없다. 시간 가는 줄 모르고 사우나 골방에 오래 머무는 사람을 위해 모래시계가 숫자를 센다.

모래시계 숫자를 세노라니 떨어지는 모래 사이로 지난날이 아스라이 피어오른다. 내가 해군 중위로 목포에서 복무하던 1976년에 일어났던 '엔테베 특공작전'이다. 독일·팔레스타인 테러범들에 의해 납치당한 에어프랑스 항공기 승객을 구출하기 위해 이스라엘 특공대가 펼친 신출귀몰한 작전이었다.

작전 요원에게 주어진 시계는 300초짜리이다. 인질 희생자가 나오지 않도록 이 시간 안에 끝내야 한다. 사우나 창가의 모래시계도 300초짜리이다. 나도 이 시간이 지나면 사우나에서 나가야 한다. 모래시계가 스르륵스르륵 침묵으로 시간을 잰다.

특공대 작전이 성공한 지 20년이 흐른 1995년 정월, TV 드라마 하나가 대한민국 안방을 사로잡았다. 제목은 '모래시계', 밤 아홉 시 오십 분부터 한 시간 동안 한반도는 숨을 죽였다. 쥐들도 새들도 드라마 보느라 조용했다. 회사원들은 야근도 회식도 잊었다. 모래시계는 '귀가 시계'가 되어갔다.

그 유명한 모래시계가 나에게도 있다. 나의 일상생활을 자연스레 유도하는 내 몸속의 모래시계다. 내 모래시계는 모래가 흘러내리지는 않는다. 주어진 시간 안에 임무를 정확히 수행하게 하는 나만의 '시계'이다.

밤 열 시가 가까우면 내 눈꺼풀이 내려간다. 여지없다. 이때는 어떤 급한 일도 도망가 버린다. 잠드는 데 200초도 채 걸리지 않는 나의 모래시계다. 모래 없는 모래시계는 또다시 새벽 5시 반에 정확히 눈을 뜨게 한다.

아침에 일어나자마자 곧바로 화장실로 직행한다. 속이 편하다. 2년마다 검사하는 위, 대장 내시경이 증언한다. 위, 대장 기능이 제대로 작동한다고 '내장 모래시계'는 웅변한다.

오전 6시, 정오, 오후 6시면 자동으로 식탁에 앉는다. 방 청소하는 로봇청소기보다 정확하다. 방안에는 시계가 없다. '몸 모래시계'가 알아서 척척 해낸다.

식사하면 음식물은 위액의 도움을 받아 암죽으로 바뀐다. 때가 되면 작은창자로 내려간다. 출출하다 싶어 나도 모르게 손목시계를 쳐다보면 때가 가까이 왔다. 위가 텅 비어 허전하다는 '위 모래시계' 신호이다.

작은창자는 위에서 내려받은 암죽을 6~7미터짜리 터널 속에서 내 '모래시계'에 맞추어 일한다. 그곳에서 음식물을 잘게 부숴 영양분을 빨아들인다. 나머지 찌꺼기들은 150센티 정도의 큰창자로 이동시킨다. 수분을 흡수하고 나머지는 신속하게 배출한다.

'몸 모래시계'는 바쁘다. 목구멍에서 위에 도달하는 시간은 30초다. 위에서 머무는 시간은 4시간에서 6시간이고, 작은창자에서 5시간에서 7시간 머문다. 마지막으로 큰창자에서 10시간을 보낸다. 몸의 하루 일정이다.

호리병 모양의 유리그릇 속에 들어 있는 진짜 모래시계는 모래가 '만유인력 법칙'을 증명하러 아래로 '내려오는' 것이 아니다. 모래시계는 '보이지 않는' 시간을 '보여주려고' 모래를 흘러내려 보낸다. 시간은 볼 수가 없다. '볼 수 없는' 시간을 '보여주려는 것'이다.

나뭇잎이 사르륵사르륵 떠는 소리를 내야 '실바람이 분다'는 것을 알 수 있다. 우리가 숨을 쉬고 있는 동안 '시간'은 우리 곁을 쉬지 않고 사르륵사르륵 빠져나간다. 머지않아 입춘이 되면 산속 깊은 곳에서도 새 생명의 속삭임이 모래시계 소리처럼 사르륵 들려오리라.

바깥 온도가 얼마나 되는지는 온도계를 보아야 알 수 있다. 현재 시각도 시계를 보아야 알 수 있다. '보이지 않는' 오감을 육감에만 맡겨두기가 불안하였다. '눈에 보이지 않는' 것을 '볼 수' 있도록 모래시계를 만들었다.

달력을 만들고, 나이를 세는 것도 '보이지 않는' 시간을 '보려고' 만든 것이다. 달력을 만들고 나이를 세고 모래시계를 만든 것은 참 잘한 일이다.

한 해가 저물어 간다. 오늘 떠오른 해가 내일 다시 뜨듯이 저문 올해는 새해에 다시 찾아온다. 해는 언제나 조용하고 묵묵하다. 묵묵히 할 일을 마치고 넘어가는 정직한 해가 나의 지난 한 해를 돌아보게 한다.

180초, 300초 사우나 모래시계를 세는 동안 숱한 상념이 스쳐 간다. 헛된 시간을 보내지 마라. 생각 없이 모래시계만 쳐다보지 마라. 영혼이 사라진 채 육체만 떠돌아다니지 않게 해라.

모래시계를 사우나에서 탈출시켜 세상으로 내보내야겠다. 소리 없는 시간의 소리를 보여주려고. 소리 없는 조용한 시간을 아껴 쓰자고. 한 해를 마감하며 모래로 된 손목시계 하나 장만해야겠다. 시간의 소리가 '보이는' 시계 말이다.

문정헌의 일침

'국제PEN클럽 회장 윤기관.' 고등학교 시절 실내화 콧등에 이렇게 써 놓고 다녔다. 국어 선생님으로부터 수업 시간에 국제펜클럽 이야기를 듣고 나서다. '저거다!' 싶어 미래의 꿈을 다짐했다. 나는 시인 국어 선생님 영향을 받아 다부진 꿈을 품은 문학소년이 되었다. 나의 아버지도 같은 학교 국어 선생님이었다.

학교에 '한모회'라는 문학 동아리가 있었다. 하지만 대학시험 준비에 여념이 없던 때라 활동이 활발치 못했다. 학교 밖에 대전시내 고교 연합으로 구성된 '돌샘문학동인회'가 있었다. 당장 좇아가 시(詩) 장르로 참여하였다.

그때 '돌샘문학동인회' 회원들 대부분은 대학 국문과에 진학했다. 당시는 수출과 수입으로 나라를 세운다는 '무역입국' 캐치프레이즈가 한창이었다. 나는 먼 꿈과 눈앞의 현실 사이에서 서성였다. 현실이 나를 압도하여 무역학과에 입학하였다.

50년 세월이 흘렀다. 정년 퇴임 하자마자 벽장 속에 묻어두었던 꿈을 끄집어냈다. 그동안 미루어 두었던 '실내화 꿈'을 향한 도전이다. 하지만 문학과 거리가 먼 학문을 전공하여 문학이론 기초지식이 짧음을 실감하였다.

퇴임 전에 온라인으로 공부한 '외국인을 위한 한국어 교원' 2급 자격증이 도움이 되었다. 이론 과목을 30여 개 수강했다. 이론 공부를 겸하면서 습작 길에 들어섰다. 습작을 들고 시와 수필 대장간을 드나들었다. 저명한 교수자(教授者)들을 찾아 전국을 누볐다. 신발창을 여러 번 갈았다.

늦게 문학 길에 들어섰으니 고매한 경지를 쫓아가기에 바빴다. 나의 지론인 '진인사 득천명'은 이러한 과정에서 탄생하였다. 드디어 가입 조건이 까다로운 '국제PEN한국본부'에 정회원이 되었다. 이제 남은 건 국제 PEN(International Association of Poets, Playwriters, Editors, Essayists and Novels) 회원이 되어 회장이 되는 길이다. 그 길을 찾기 위해 내년에도 국제PEN 대회에 참석할 것이다.

국제PEN은 참여 장르에 '수필'을 명시하고 있다. 하지만 노벨문학상은 시와 소설이 주도한다. 내가 지난 40년 동안 10년 주기로 네 번의 '통찰'을 경험하였다. 이것이 나의 수상록 『진인사 득천명』에 기록되어 있다. 수상록 제5장에 나의 마지막 '득천명'이 언급되어 있다. 그것을 위해 온 마음을 쏟고 있다.

나는 노벨문학상에 수필 부문으로 도전할 것이다. 내 팔순 기념을 겸한 노벨문학상 수상식에 참석하러 그 길을 향하여 뚜벅뚜벅 걸어간다. 2032년이다. 내가 해야 할 일은 작품 활동뿐이다. 이것은 진(盡)인사에 해당한다. 국제펜 회장과 노벨상〔得天命〕은 '하나님 일'이다. 나의 진인사를 보고 하나님이 판단하실 것이다.

드디어 첫 단추를 낄 기회가 왔다. (사)국제PEN 한국본부가 주관하는 '세계한글작가대회'이다. 이 기회를 놓치지 않았다. 준비된 자만이 내 앞을 지나는 기회를 내 것으로 거머쥘 수 있다. 이것이 바로 나의 '진인사 득천명'지론이다.

아시아에서 중국과 일본은 이미 노벨문학상 수상자를 배출했다. 하지만 우리나라는 아직 소식이 없다. 우리나라 작가들은 더 이상 방관만 할 수 없었다. 8년 전에 (사)국제PEN한국본부가 팔을 걷어붙였다. '세계한글작가대회'가 경주에서 개최되었다. 전 세계에 한국문학을 널리 홍보하는 자리를 만들기 위해서다.

서울에서 신경주역까지 KTX로, 거기서 경주 보문단지 회의장까지 버스로 이동하였다. 입구에서 이름표와 발표 자료집을 받아들고 방으로 들어갔다. 그런데 이게 웬일인가? 대회 이름은 '세계한글작가대회'(Internatioal Congress of Writers Writing in Korean)인데 이름표에 붙은 수식어는 '작가'가 아닌 '문인'이 아닌가. '참가자 문인 윤기관'

'작가'는 뭐고, '문인'은 뭔가. 작가는 맹렬히 작품 활동을 하는 현재진행형이고, 문인은 한때 작가였으나 지금은 나이 좀 들었다고 뒷짐만 지고 있는 '과거완료형'이 아닌가.

나는 나이로 보면 '문인'이고 '노인'이다. 하지만 문단에 들어선 지 몇 년 되지 않은 새내기이다. 늦게 시작하였어도 '작가'로 불리기 위해 매년 시집과 수필집을 출간하고, 여기저기 문학지에 발표도 한다. 그야말로 '진인사'하고 있다. 그러한 나에게 붙여준 수식어가 '문인'이라니.

한때 지글지글 끓어오르던, 하지만 지금은 풀이 죽어버린 사화산 그룹에 나는 포함되고 싶지 않다. 활활 타오르는 활화산이고 싶다. 가을 단풍으로 불타오르는 금강산, 설악산이 되고 싶다. 지글지글 타오르는 대장간에 살고 싶다.

주최 측이 이번 행사를 통하여 나에게 무슨 메시지를 주려고 이 어려운 과제를 던져주는가. 귀가할 때까지 이 과제를 풀어야 할 텐데….

발표장에서 촉각을 곤두세웠다. 나의 과제 해결 실마리를 놓칠까 봐 자리를 뜰 수가 없었다. 미리 자료집을 숙독하고 밑줄도 그었다. 과제 해답을 찾으려 귀를 쫑긋쫑긋하였다. 자료집이 온통 깨알같이 새까맣다.

마지막 날이다. 나는 과제 해답을 찾지 못한 채 체크아웃 하였다. 떨떠름한 상태로 문학 기행을 나섰다. 신라 진평왕릉 방문에 이어 경주국립박물관에 이르렀다. 돌아갈 기차 시간은 다가오는데 과제는 풀리지 않는다.

마지막 일정 하나를 남기고 점심 식사하러 쌈밥집에 들렀다. 전통 놋그릇에 예쁘게 담긴 비빔밥이 입안에 들어와도 그냥 헛돈다. 목에 넘어가지 않는다. 착실한 모범생으로만 남고 싶지 않았다.

마지막 일정인 문정헌(文井軒)에 도착했다. 2012년 국제PEN대회가 이곳 경주에서 개최되었다. 이것을 기념하고 노벨상 작가가 배출되기를 기원하는 뜻에서 세운 도서관이다. 아담한 한옥 건물에 노벨상 수상 작품을 포함한 많은 유명 저서가 꽂혀 있다. 나는 내가 좋아하는 헤밍웨이 작품인 『무기여 잘 있거라』에 사인도 했다. '2032년 노벨문학상 수상자 수필 작가 윤기관'이라고 썼다.

문정헌 뜨락에 옛 우물이 있다. 두레박도 있다. 우물에 비가 들어가지 않도록 기와지붕을 세웠다. 문패도 걸렸다. 文井軒. 문패 앞에 새겨진 문정헌 작명 유래를 읽고 그만 눈시울을 글썽거렸다. 아, 나의 숙제 해답. 9회 말 만루 홈런이었다.

이 도서관에 들어오는 문인은 샘에서 물이 콸콸 쏟아지듯이 작품활동을 왕성히 하라는 뜻으로 지었다고 한다. 마치 내 종아리를 회초리로 후려치는 듯, 한참 동안 멍하였다. 종아리가 후끈후끈했다.

나이 들어 문단에 들어섰다고, 시집 두 권에 수필집 한 권 출간했다고 자만하지 마라. 이제 시작일 뿐이다. 나이로는 노인이어도 문단으로는 신인이고 풋내기이다. '문인들이 드나드는 노인정'에 머물지 말고 국제PEN클럽 회장을 향하여 그리고 노벨상 수상작품을 향하여 대장간 담금질에 피를 토하는 작가가 되어라.

행사를 모두 마치고 서울로 향하는 기차에 올랐다. 추수를 끝낸 논바닥 여기저기 면사포를 두른 볏짚 묶음이 데려갈 주인님을 기다린다. 나의 주인님은 노벨상위원회. 저 볏단은 바로 '나.' 내 작품을 읽어줄 독자 노벨상 위원님들, 나도 데려가 주십시오. 문정헌이 나에게 후려친 일침을 가슴에 새긴다.

백령도

조선 시대까지 미국은 우리나라를 아프리카와 비슷하게 여겼다. 일본에서 해방되었을 때 우리는 자립하지 못해 미국 군인들이 나라 살림을 했다. 당시 우리나라 경제는 북한에도 밀렸다.

한국전쟁이 끝나자 북한은 우리나라를 흡수 통일하려는 계획을 세웠다. 아찔한 순간, 1962년 박정희 정부가 들어서서 '경제개발 5개년 계획'을 밀고 나갔다. 경제력이 바로 국가안보이니 '개발우선주의'가 나라를 지배하기 시작했다. 환경오염 따위를 걱정할 분위기가 아니었다.

개발이 시작되자 정겨운 우리의 새, 따오기가 사라졌다. 농약으로 오염된 논에서 미꾸라지를 먹고 전멸했다. 1978년 판문점 근처 비무장지대 하늘에서 평화를 기리듯 비행을 한 게 마지막이다.

삶의 수준이 나아지자 환경오염에 시선을 돌리기 시작했다. 사라진 지 30년이 지난 2008년, 따오기가 창녕 우포늪으로 돌아왔다. 20여 마리가 서식하였다. 하지만 식구가 더 이상 늘지 않았다. 새끼를 낳아 잘 기를 만한 터전이 아니라고 여겼을 것이다. 따오기에게도 어미 마음이 있었다.

그 따오기가 판문점 근처에서 날개를 쫙 펼치고 하늘을 나는 '정지 화면'으로 나타났다. 그 정지 화면이 보이는 곳이 있다. 1978년에 발견되었다는 그 마지막 따오기가 날아가다 섬으로 변신했을까. 백령도(白翎島)를 하늘에서 바라보면 따오기 모양이라고 한다. 그곳이 무척 궁금하여 먼 길을 나섰다.

인천시는 백령도에 비행장을 건설할 계획을 세웠다. 인천에서 백령도까지 비행기로는 25분 걸린다. 하지만 비행장 건설 예산이 코로나-19 대응 자금으로 전용되어 앞으로 언제 건설될지 예측할 수 없다고 한다. 그때까지는 지금처럼 배편으로 백령도에 들어가야 한다. 페리호로 4시간 걸린다. 백령도는 대청도 소청도와 함께 'ㄷ'자 모양으로 굽었다 해서 세 개 섬을 묶어서 '곡도'라고 불렀다. 페리호는 백령도에 도착하기 직전에 첫 번째 곡도 소청도와 두 번째 곡도 대청도를 거쳐 간다. 세 섬 트레킹에는 2박 3일, 백령도만은 1박 2일이면 충분하다. 나는 이번에는 백령도만 둘러보기로 했다.

백령도에는 주민이 약 5,700명, 군인이 7,000여 명, 총 12,000~13,000명이 살고 있다. 백령도 경제는 군인들의 씀씀이에 많이 의존한다. 사방이 바다이므로 어업이 주종일 것 같지만 72%가

농업이고 25%만 어업에 종사한다. 나머지는 주유소, 숙박업 등 서비스업이다.

작은 마을이지만 화력발전소도 있고 자동차 운전면허장도 있고, 다이소도 들어와 있다. 읍내 진초리를 그곳 사람들은 '명동'이라고 부른다. 어지간한 편의시설은 다 여기에 모여 있다.

백령도에는 성당도 있고 왕국회관도 있으나 주민 70% 이상이 장로교 신자들이다. 중화동교회(천연기념물 제521호)는 1896년 우리나라에 두 번째로 세워진 장로교회이다. '십자가'가 섬 여기저기 눈에 띈다. 10~15km 떨어진 북한 장여군과 장산곶에 사는 북한 주민들이 '십자가'를 볼 수 있게 하늘 닿을 듯 높이 솟아 있다.

백령도는 기독교인이 모여 사는 섬이다. 나이 드신 아주머니는 거의 권사이다. 기독교 신자가 나이 들어 몸소 생활하기 어려우면 백령병원 옆에 있는 백령도 노인요양원에 무료로 들어갈 수 있다.

차가 있으면 한나절에 섬 전체를 돌아볼 수 있지만 나는 이틀로 나누어 찬찬히 둘러보았다. 심청각, 사자바위, 두무진 해상관광, 천안함 위령탑, 중화동 교회, 용틀임 바위, 콩돌해안, 옛 등대, 천연비행장 모래사장, 사곶해변 등.

백령도, 대청도, 소청도는 국가지질공원이다. 관광 활성화를 위해 '지오파크 챌린지'라는 프로젝트를 기획하였다. 대자연을 대상으로 도전정신을 고양하고 자연 속에서 힐링까지 할 수 있다.

백령도 기암괴석 '지오 트레일'에는 다섯 구간이 있다. 맨틀 구간(진촌리), 천연비행장 구간(사곶 해안), 오색 콩돌 구간, 용틀임 구간(용틀임 바위), 그리고 두무진 구간이다.

맨틀 구간은 멸종위기에 처한 점박이물범(천연기념물 제331호)의 국내 최대 서식지이다. 인천시 깃대종이다. 진촌리 야트막한 산 아래 '물범바위'에서 옹기종기 모여 산다. 마당에 세워놓은 볏단 아래에서 구슬치기하며 놀던 소년 시절이 떠오른다. 두무진 앞바다는 심청이가 몸을 던졌다는 그 인당수이다. 인당수가 내려다보이는 곳에 심청각을 세웠다.

두무진에서 심청각 쪽으로 가다 보면 중간에 연꽃마을이 나온다. 심청전(沈清伝)은 누가 지었는지는 모르지만 우리가 사랑하는 조선 후기 작품이다. 아버지 심봉사 딸 심청 중 뺑덕어멈이 생각나고, 인당수 연꽃 등도 아스라이 떠오른다. 심청전은 터무니없는 이야기가 아니라 '효심'을 강조한 아름다운 소설이다. 어릴 때는 사실로 믿었다. 심청이가 내 또래였으니 더욱 그러했으리라.

기독교 성지순례 명소인 중화동교회 옆에 한국기독교 100년사를 엿볼 수 있는 기독교 역사관이 있다. 섬 남서쪽 언덕 위에 세워진 중화동교회는 풍모도 빼어나다. 장로교회 선교사인 나는 하나님 만나듯 반가울 수밖에 없다. 비도 부슬부슬 내린다. 우산도 쓰지 않고 이리저리 둘러보느라 정신이 없다.

섬 서쪽 해안에 천안함 위령탑이 있다. 천안함은 초계함으로 적의 기습적인 공격에 대비하여 해상 경계 임무를 수행하는 전투 수상함이다. 2010년 북한군 어뢰에 침몰한 천안함 46명의 영혼을 달래고 추모하기 위해 여기 위령탑을 세웠다.

내가 해군 장교 시절 갑판 사원으로 복무한 전투함 경북함은 제3해역 사령부 소속이었다. 경비구역은 목포에서 백령도 사이의 서해였다. 백령도 일대는 5해역 사령부가 경비하였다. 남다른 감회가 발을 놓아주지 않는다.

천안함 사건 이후 한동안 백령도를 방문하는 조건이 매우 까다로웠다. 10여 년이 지난 오늘은 평안하게 백령도를 거닌다. 때를 보아 지질명소 대청도와 소청도에 다녀와야겠다.

요즘 북한이 미사일을 쏘아대고 핵 실험하겠다고 엄포도 쏘아댄다. 미사일은 동해안에 떨어지도록 고도를 맞추고 있다. 천안함 때처럼 서해안에서 일이 터지면 백령도 들어가는 뱃길이 또 막힌다.

비행장 건설이 어려우면 인천에서 소청도, 대청도, 백령도를 잇는 다리를 놓으면 어떨까. 턱도 없는 소리일까. 고(故) 정주영 현대그룹 회장이 생각난다. "이봐 채금자(책임자). 해 봤어"

겸연쩍은 혈투(血鬪)

가을이 농익은 누런 계절이다. 거두어들이는 농부의 손이 여러 개로 겹쳐 보인다. 하루 종일 들녘에서 일하는 부부는 밀레네 부부가 된다. 해 지는 저녁 무렵, 논밭에서 일하는 부부가 「만종」 주연으로 보인다.

곧 입동이다. 새벽이면 이불을 잡아당긴다. 창문을 굳게 닫아도 소용없다. 문틈 사이로 스며드는 차가운 냉기가 여간 아니다. 늦더위가 기승을 부리더니 계절은 계절이다. 냉철하다.

여름 내내 왱왱대는 모깃소리에 시달리다 이제 제대로 잘 수 있을까 했더니 성급한 오산이다. 아직도 철 잊은 모기가 안방을 떠나지 못하고 있다. 내 피가 그리운가, 늦더위 탓인가, 가는 계절이 아쉬운 건가.

동서고금을 막론하고 인종차별도 없이 달려드는 두려움의 존재가 '모기'이다. 모기에 물리면 하등동물에 피를 빼앗겼다는 수

모보다 가려움에 시달리는 고통이 참기 어렵다. 피야 빼앗겨도 또 만들면 그만이다. 하지만 가려움증은 도무지 쉽게 가라앉지 않는다. 긁적이다 날 샌다.

사람의 피를 빨아먹는 모기는 암컷이다. 수컷은 과일이나 꿀 등을 먹는 채식주의 하등동물이다. 모기 생존의 뿌리는 물과 먹이다. 피를 흡혈한 암컷 모기는 소화 후 알을 깐다. 피에서 얻은 단백질, 철분 등 영양소를 태어날 새끼에게 먹이려는 어미의 본능이다.

수컷은 조용히 난다. 알아차리기가 어렵다. 밤새 귓전에서 앵앵대는 녀석은 암컷이다. 수컷은 암컷의 날갯짓 소리를 듣고 짝짓기 상대를 고른다. 수컷에 걸려든 암놈은 사람의 피를 흡혈한 후 이삼일이면 소화된다. 새끼 출산이 가능하다.

모든 생명의 근원은 물이다. 모기도 물기를 찾아다닌다. 열이 나고 땀을 많이 흘리는 사람을 쫓아다닌다. 아이들, 임산부, 운동선수들이 표적 대상이다. 나도 모기가 좋아하는 생존의 조건에 딱 맞는 '영장'이다.

백 세를 산다는 영장이 모기와 쫓고 쫓기는 전쟁을 벌인다. 모기 수컷은 한두 주 살고, 암컷은 한두 달 산다. 영장이 모기와의 전쟁 승리를 위해 기발한 모기 퇴치 약을 개발한다.

전쟁이 끝났다. 모기가 다 떠났다. 모기장도 모기약도 다 벽장 속으로 들여보냈다. 이제 완전히 무장해제 상태다.

섣부른 판단으로 요즘 혈투를 벌인다. 맨손으로 싸워야 한다.

모기는 창(침)이 있지만 나는 방패(손)밖에 없다. 방 안에 남은 서너 녀석이 나를 노려본다. 그만그만해서 암수컷 구별하기가 어렵다. 낮에는 조용하다가 밤이면 나타나 혈투를 벌인다.

책상에 앉으면 다리 밑에서 사정없이 찔러댄다. 새끼를 먹이려니 목숨 내걸고 무찔러야 한다. 물린 자리는 침을 발라봐도 소용없다. 열 십자로 찔러봐도 가렵기는 여전하다. 할 수 없이 모기약을 찾으러 간다.

화장실에 앉아 있으면 어느새 따라와 앵앵댄다. 수건으로 내리친다. 제대로 맞지 않았나 보다. 비웃듯 도망간다. 수컷이다. 아직도 침실로 들어가기가 겁난다.

거실 소파에 앉아 물린 자국을 수색해 보니 벌겋게 전흔이 여기저기 널려 있다. 모기는 손으로 잡기가 어렵다. 손으로 잡으려 노려보면 모기도 나를 노려보는 듯하다. 서로 노리는 실력만 는다.

드디어 한 마리 잡았다. 내 피를 제법 빨아 먹었는지 피가 흥건하다. 우크라이나, 팔레스타인 전장 같다. 왱왱대는 소리가 전쟁터 헬리콥터로 들린다. 헬리콥터 모기가 아직 몇 마리가 더 남아 있다. 모기와의 전쟁은 아직 끝나지 않았다.

화생방 살충제를 사용하기도 어렵다. 그렇다고 벽장 속에 깊이 넣은 전기 모기 채를 꺼내기도 요란스럽다. 살갗이 드러난 곳에 모기가 싫어한다는 약을 도배질한다. 이제는 감히 달라붙지 못하겠지. 새벽 1시다. 침대로 들어간다.

언제 따라왔는지 베개 주위에서 저승사자처럼 또 맴돈다. 수건으로 휘둘러본다. 몸집이 작아 요리조리 잘도 피한다. 천장 모서리에 박혀 나를 노려본다. 벌떡 일어나 수건으로 후려치려 살금살금 다가가면 벌써 눈치채고 달아난다. 들키지 않게 모기약을 찾으러 다녀온 사이 또 어디론가 날아갔다. 이제 힘이 빠져간다. 차라리 몸을 내줄까. 흡혈하면 새끼 까러 갈 것 아닌가.

몸 파는 여인처럼 피를 주겠다고 마음먹으니 모기가 오지 않는다. 어디 갔나. 몸 주겠다고 결심하니까 자존심 상했나. 이불 뒤집어쓰고 잠을 청한다. 한참 조용하더니 발가락이 따끔하더니 이내 가렵다. 잠깐 잠든 사이 이불이 벗겨졌나 보다. 하필이면 거기를 물다니. 긁기도 어려운 곳이다.

기발한 아이디어가 떠올랐다. 모기의 성질을 이용한다. 나는 영장이니까. 침대에서 일어나 거실 소파로 나갔다. 침실이 조용하고 거실이 시끄러워졌다. 모기가 나를 쫓아 나온 것이다.

다시 서재로 들어갔다. 서재 다리 밑이 난리다. 때는 이때다. 재빠르게 모기 속도보다 빨리 날쌔게 침실로 들어가 문을 꽁꽁 닫았다. 드디어 침실이 조용해졌다.

조금 지나니 침실 밖에서 문 두드리는 듯 왱왱 소리가 요란하다. 피 냄새를 어떻게 멀리까지 맡을 수 있을까. 새벽 2시다. 영장 인간과 하등동물 모기 간의 쫓고 쫓기는 혈투가 끝났다. 철모 대신 피 묻은 베개를 끌어안고 잠을 청한다. 지쳤는지 금방 코를 곤다.

방바닥에 쓰러져 죽은 모기가 살아난다. 온몸에 상처투성이다.

손금 자국, 수건 부스러기가 묻었다. 인간이 하찮은 모기를 이렇게 처참하게 후려쳐도 되냐는 몸부림이다. 차라리 화생방 분무기로 처치할 것이지 이렇게 후려쳐도 되냐는 아우성이다.

재판장님, 제가 너무 심했습니다. 사람이 모기와 혈투를 벌인 게 실수였습니다. 낚시꾼들이 거짓 먹이를 들먹이며 물고기 잡는 것을 보고 "인간이 할 짓이 아니라"고 혀를 찼던 제가 겸연쩍습니다.

새벽녘 찬바람이 코끝을 스쳐 재채기하는 바람에 눈을 떴다. 오늘 밤을 위해 모기장을 미리 꺼내놓았다. 모기장에 내가 들어가면 모기 빨대가 닿지 않을 텐데 어쩌나. 이래도 저래도 모기와 혈투를 벌이는 일이 겸연쩍다. 그래도 속임수로 하등동물 물고기를 잡는 낚시꾼보다 낫지 않은가.

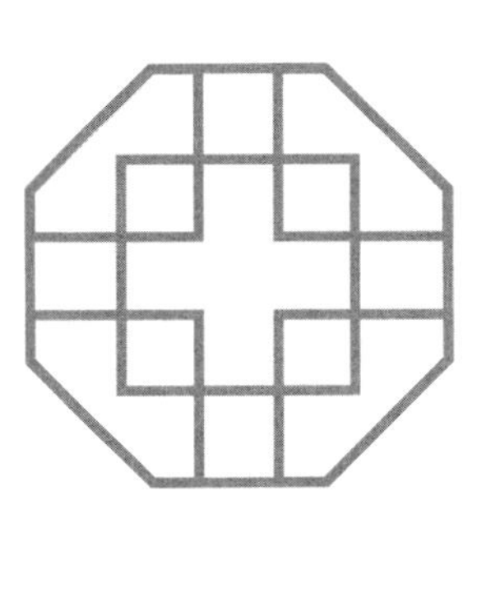
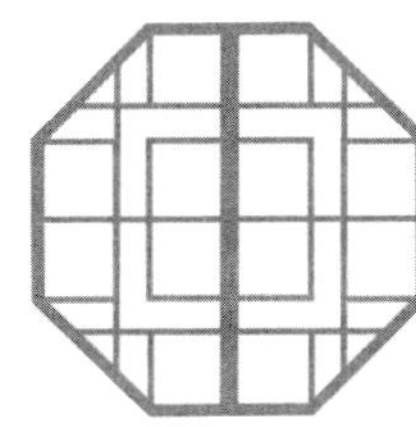
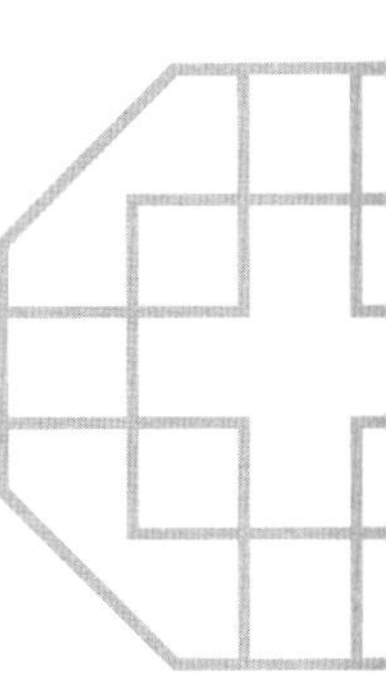

국제PEN한국본부
창립70주년기념 산문선집 11

이분이 그분인가

발행일 2023년 11월 25일

지은이 윤기관

발행인 강병욱
발행처 도서출판 교음사

03147 서울 종로구 삼일대로 457 수운회관 1308호
Tel (02) 737-7081, 739-7879(Fax)
e-mail : gyoeum@daum.net
등록 / 제2007-000052호

* 잘못된 책은 바꿔 드립니다. 값 13,000원

ISBN 978-89-7814-951-8 03810